FSC
www.fsc.org
MIX
Papier aus verantwortungsvollen Quellen
Paper from responsible sources
FSC® C105338

Handbuch der Assistenzhundeaufgaben

Teil 1

Grundlagen und Grundkommandos

Katharina Küsters

3. aktualisierte & überarbeitete Auflage

Impressum

Bibliografische Information der Deutschen Nationalbibliothek:
Die Deutsche Nationalbibliothek verzeichnet diese Publikation in der Deutschen Nationalbibliografie; detaillierte bibliografische Daten sind im Internet über http://dnb.dnb.de abrufbar.

Bilder: Petra Kurt, Patricia Stroucken PaSt Fotografie, Katharina Küsters, Shutterstock

Covergestaltung: Katharina Küsters

Herstellung und Verlag: BoD – Books on Demand, Norderstedt

ISBN: 978-375-836-42-04

Inhaltsverzeichnis Seite

Vorwort zur dritten Auflage

Das, was ich erhofft, womit ich aber nicht gerechnet habe, ist eingetreten: Mein Handbuch der Assistenzhundeausbildung Teil 1 geht in die dritte Auflage.

Ein wenig stolz bin ich schon, das so viele Menschen mein Werk in ihren Trainingsalltag eingebaut haben. Viele Rückmeldungen habe ich erhalten. Einen Teil der Anmerkungen konnte ich in diese dritte Auflage einbauen. Ein Teil der Rückmeldungen war so individuell, das ich sie leider nicht berücksichtigen konnte.

Was mir ebenfalls Freude macht: zeitgleich mit dieser dritten Auflage wird das Handbuch auch in englisch erscheinen. Zahlreiche Anfragen aus dem englisch sprachigen Raum haben mich motiviert, diesen Schritt zu gehen.

Ich wünsche nun viel Vergnügen und viele Inspirationen bei der Lektüre der neuen Auflage des

Handbuch der Assistenzhundeaufgaben,
Teil 1: Grundlagen und Grundkommandos.

Herzlichst, Ihre Katharina Küsters

Vorwort zur ersten Auflage

Schon lange faszinieren Hunde, die Menschen unterstützen, ihnen einen fehlenden Sinn ersetzen oder sie sicher durch den Alltag und den Straßenverkehr führen. Die Ausbildung eines Assistenzhundes dauert lange, sehr lange. Amerikanische Ausbilder haben ausgerechnet, dass fertig ausgebildete Assistenzhunde (Rollstuhlbegleiter oder Assistenzhunde bei Traumafolgen für die Veteranen) im Durchschnitt 6.000 (sechstausend!) Trainingsstunden absolviert hatten. In diesen Trainingsstunden sind nicht nur die speziellen Assistenzleistungen enthalten, sondern auch so alltägliche Dinge wie Stubenreinheit, Gewöhnung an Umweltreize, ungewöhnliche Orte & Situationen und auch die Grundkommandos. Viele Menschen wünschen sich einen Assistenzhund an ihrer Seite, haben aber nicht die finanziellen Mittel, eine so umfassende Ausbildung zu bezahlen. Für diese Menschen und alle anderen Interessierten ist dieses Handbuch gedacht. Oft wurde ich schon von Kunden und interessierten Menschen nach einem Grundlagenwerk gefragt. Ein Handbuch, in dem die wichtigsten Grundkommandos beschrieben sind und das eine Unterstützung bei der Selbstausbildung zum Assistenzhunde-Team sein kann.

Hier ist es nun, das Handbuch der Assistenzhundeaufgaben Band 1.

Ich wünsche viel Spaß und viel Erfolg auf dem Weg zum Assistenzhunde-Team!

Herzlichst, Ihre Katharina Küsters

Ein paar grundlegende Worte

Eines direkt vorneweg: Auch die Ausbildung eines Assistenzhundes beginnt mit grundlegendem Wissen darüber, wie Hunde lernen, wie das Prinzip Belohnung funktioniert, welches Hilfsmittel wann Sinn macht oder auch nicht. Auch ein Assistenzhund sollte die grundlegendsten Kommandos wie Sitzen, Hinlegen, Warten,... lernen. Zum Einen erleichtern diese Grundkommandos den Alltag, werden in vielen Assistenzhunde-Team-Prüfungen abgefragt und bilden zum Anderen die Basis weiterer Aufgaben und spezieller Assistenzleistungen.

Assistenzhundeausbildung ist, wie jede Ausbildung eines Hundes mehr als das Abrufen bestimmter Kommandos. Damit ein Assistenzhund lange, gesund und mit Freude im Einsatz sein kann, müssen seine Bedürfnisse erfüllt sein und sein Mensch benötigt Wissen über hündische Kommunikation, über die Bedürfnisse des Hundes, darüber wie ein Hund lernt, kurz gesagt: Basiswissen in Hundepsychologie.

Bevor wir intensiv in die Ausbildung des Assistenzhundes einsteigen, möchte ich daher ein paar grundlegende Worte schreiben, wie Hunde eigentlich kommunizieren und welche Kommandos aus hündischer Sicht einen Sinn ergeben.

Hunde kommunizieren untereinander mit Körpersprache, Positionen und Ausstrahlung, die oft mit dem Wort „Energie“ bezeichnet wird. Für ein ruhiges Hundeleben in einem Rudel, egal ob dieses aus Menschen oder Hunden besteht, genügt die Befolgung von 4 Kommandos - besser 4 Regeln genannt:

1. Komm her bzw. bleib bei der Gruppe! In der Menschensprache: Rückruf und Fuß laufen.

2. Gib das her! In Menschensprache: Aus, Apport, Tabu und auch „Nein“.

3. Hör auf damit! In Menschensprache: Aus und Nein. Diese beiden Kommandos werden oft widersprüchlich verwendet.

4. Gib Ruhe! In Menschensprache: Platz und Warte, Pause / Place.

Darüber hinaus ist es nach meiner Erfahrung sinnvoll, sich immer wieder in Erinnerung zu rufen: Ein Hund nimmt seine Welt von Geburt an zunächst über die Nase war, als nächstes öffnen sich Augen und etwas später die Ohren. Dieses, im Alltag wie im Training zu beachten erleichtert das Zusammenleben mit jedem Hund sehr. Bevorzugt ein Hund z.B. das Sehen mehr als das Riechen, kann er impulsiv auf Sichtreize reagieren: Autos oder Wild jagen, hinter Wildvögeln herlaufen oder rennende Kinder durch Zwicken stoppen sind mögliche Folgen. Ein Hund, der hingegen ausschließlich mit der Nase auf dem Boden hängt, vergisst über intensives Schnüffeln möglicherweise seinen Menschen.

Auf diese Punkte ausführlich einzugehen würde dieses Handbuch sprengen. Daher erlaube ich mir hier, auf unsere Seminarangebote und Bücher meiner Kollegen aus der „normalen“ Hundeausbildung mit dem Schwerpunkt auf Hundepsychologie zu verweisen.

Ich habe nach den ersten beiden Auflagen immer wieder die Kritik bekommen, dass ich viel zu oft bei möglichen Schwierigkeiten die Begleitung durch einen (Assistenz-) Hunde-Ausbilder empfehle. Ja, dies stimmt und ich werde auch bei diesem Buch dabei bleiben. Manche Herausforderungen lassen sich mit einem Denkanstoß in Form eines Buches oder Videos meistern. Manche herausfordernden Verhaltensweisen können mit einem Blick von Außen durch einen erfahrenen Hundemenschen gelöst werden. Aber manche Verhaltensweisen des Hundes schaden möglicherweise ihm selber, seinem Menschen oder seiner Umwelt. Um hier direkt einzugreifen, eine Situation oder Verhaltensweise gar nicht erst eskalieren zu lassen empfehle ich dringend, auch schon in der Grunderziehung einen erfahrenen (Assistenz-) Hundeausbilder mit an Bord zu nehmen.

Assistenzhunde und Kommandos

Über diese vier hündischen Kommandos / Regeln hinaus, lernen gerade Assistenzhunde, viele Aufgaben, mit denen sie ihrem Menschen helfen oder sogar das Leben retten können. Viele dieser Assistenzleistungen leiten sich aus den vier „hündischen Kommandos“ ab. Assistenzhunde arbeiten gerne mit ihrem Menschen zusammen, möchten etwas tun, damit dieser gute Laune hat und wachsen emotional deutlich, wenn sie gelobt werden. Assistenzhunde sind speziell ausgewählte Hunde, die u.a. genau diese Eigenschaften mitbringen: Gerne arbeiten, gerne mit dem Menschen etwas zusammen machen, am Lob wachsen und sich über ein Lob deutlich erkennbar freuen ohne überdreht zu sein. Mit einem Hund, der diese Eigenschaften mitbringt, einem geduldigen und auf positiver Bestärkung basierenden Training, der nötigen liebevollen Konsequenz, viel Geduld und dem Wissen wie der Hund lernt, denkt und sich natürlicherweise verhält, können Assistenzhunde erstaunliche Leistungen mit Freude vollbringen.

Wie lernt der Hund?

Mit dieser Frage beschäftigen sich viele Hundeexperten und zahlreiche Fachbücher. Daher soll an dieser Stelle nicht im Detail auf die Frage, wie der Hund konkret lernt, eingegangen werden. Es würde den Rahmen dieses „Handbuches der Assistenzleistungen“ sprengen, sich auch mit diesem wichtigen Thema zu beschäftigen.

Wichtig für die Ausbildung des Assistenzhundes ist:

Der **geeignete** Hund, egal ob Welpe, Junghund oder erwachsener Hund, wird **liebevoll, konsequent**, mit **viel Geduld** und unter Beachtung der **individuellen**

Belohnungsmöglichkeiten in seinem **individuellen Tempo** und nach **seinen Möglichkeiten** und den späteren **Anforderungen** ausgebildet.

Ein gestresster Hund kann nicht lernen. Ein Hund, der Angst hat, kann ebenfalls nicht lernen. Auch Hunger, Unterbeschäftigung bzw. fehlende körperliche Auslastung können den Hund in seinem Verhalten negativ beeinflussen, so dass dieser Hund sich nicht konzentrieren kann. Mit dem richtigen Tempo, der passenden Trainingsmethode und guter Motivation können gerade Assistenzhunde erstaunliche Leistungen vollbringen. Für einen gut trainierten und arbeitsfreudigen Assistenzhund sind fünfundzwanzig oder auch dreißig Kommandos kein Problem. Auch arbeitet ein solchermaßen ausgebildeter Assistenzhund gerne und über viele Jahre.

Was kann einen Hund motivieren mit und für seinen Menschen zu arbeiten? Das Assistenzhundetraining basiert überwiegend auf dem Prinzip der positiven Belohnung durch Leckerli / Futter oder Spielzeug.

Bestärkungen / Belohnungen

Bestärkung und Belohnung wird in diesem Buch gleichwertig genutzt. Gemeint ist immer irgend etwas, was der Hund in diesem Moment mehr haben oder tun will, als das, was er gerade hat oder tut. Eine Belohnung muss also immer „höherwertiger" sein. Genau da liegt ein Problem: Der Mensch muss erkennen, was der Hund gerade möchte oder womit er sich motivieren lässt und muss seinen Hund dann auch noch so gut kennen, dass er eine höherwertige Alternative weiß.

Ein Beispiel
Der Hund möchte lieber seinen Hundefreund begrüßen als neutral mit seinem Menschen an genau diesem Hund vorbei zu laufen. Eine Möglichkeit ist den Abstand zum anderen Hund so groß zu halten, dass der eigene Hund sich auf seinen Menschen konzentrieren kann und, wenn der eigene Hund ruhig mit seinem Menschen vorbei gelaufen ist, beide Hunde auf ein Kommando ohne Leine / mit Schleppleine „frei“ zu geben.

Ein anderes Beispiel
Der Hund trägt einen Schuh herum. Wenn dies gerade nicht seine Aufgabe ist, kann der Mensch den Hund zu sich rufen und den Schuh gegen ein Leckerli tauschen. Aber VORSICHT: es gibt Hunde die nach ein paar wenigen Wiederholungen alles Mögliche und Unmögliche herum tragen, damit ihr Mensch sie zu sich ruft und sie ein Leckerli erhalten. In diesem Fall bitte trainieren, dass der Hund nur auf ein Kommando hin etwas aufhebt.

in zweites Problem kann auftauchen, wenn der Hund das Motivationsobjekt schnell wechselt. War beim letzten Mal noch der Futterbeutel die beste aller Belohnungen, kann es beim nächsten Mal der Kontakt zu einem anderen Hund sein. Es gilt daher im Laufe des Trainings genau zu beobachten und abzuwägen, was den Hund in verschiedenen Situationen besonders motiviert und entsprechend zu handeln.

Ein drittes, häufiges Problem sind Hunde, die sich wenig für Futter interessieren. Ja, es gibt mäkelige Fresser, für die Futter keine Motivation darstellt sondern eine Notwenigkeit um zu überleben. Diese Hunde sind oft mit Leckerchen kaum zu motivieren. Bei diesen Hunden muss der Mensch oft mit viel Geduld heraus finden, was ihn motiviert. Viele dieser Hunde sind mit einem kurzen Spiel oder auch einer kleinen Kuscheleinheit zu motivieren.

Und dann gibt es noch die ganz speziellen Hunde, die sich weder mit Futter noch mit Streicheln oder Spielzeug motivieren lassen. Bei diesen Hunden muss ein erfahrener Ausbilder genau abwägen, ob sie sich für den Job als Assistenzhund wirklich eignen. Ein besonderes Merkmal eines guten Assistenzhundes ist die leichte Motivierbarkeit und dass er mit Lob des Menschen sichtbar wächst, also ausschaut, als wäre er stolz etwas gut gemacht zu haben.

GANZ WICHTIG:

Die Tipps, Hinweise und Anleitungen in diesem Buch wurden nach bestem Wissen und Gewissen geprüft und notiert. Dennoch handelt es sich auch bei einem Assistenzhund um ein Lebewesen mit individuellem Charakter und manchmal auch sehr eigenen Ideen. Bei Fragen oder Problemen ist umgehend ein erfahrener Assistenzhundeausbilder hinzu zu ziehen. Bei gesundheitlichen Beschwerden oder Problemen ist umgehend der Rat eines Tierarztes hinzu zu ziehen.

Eine Haftung, egal in welche Richtung durch die Autorin ist ausdrücklich ausgeschlossen. Die Umsetzung der hier gemachten Übungen erfolgt auf eigene Gefahr des Hundehalters.

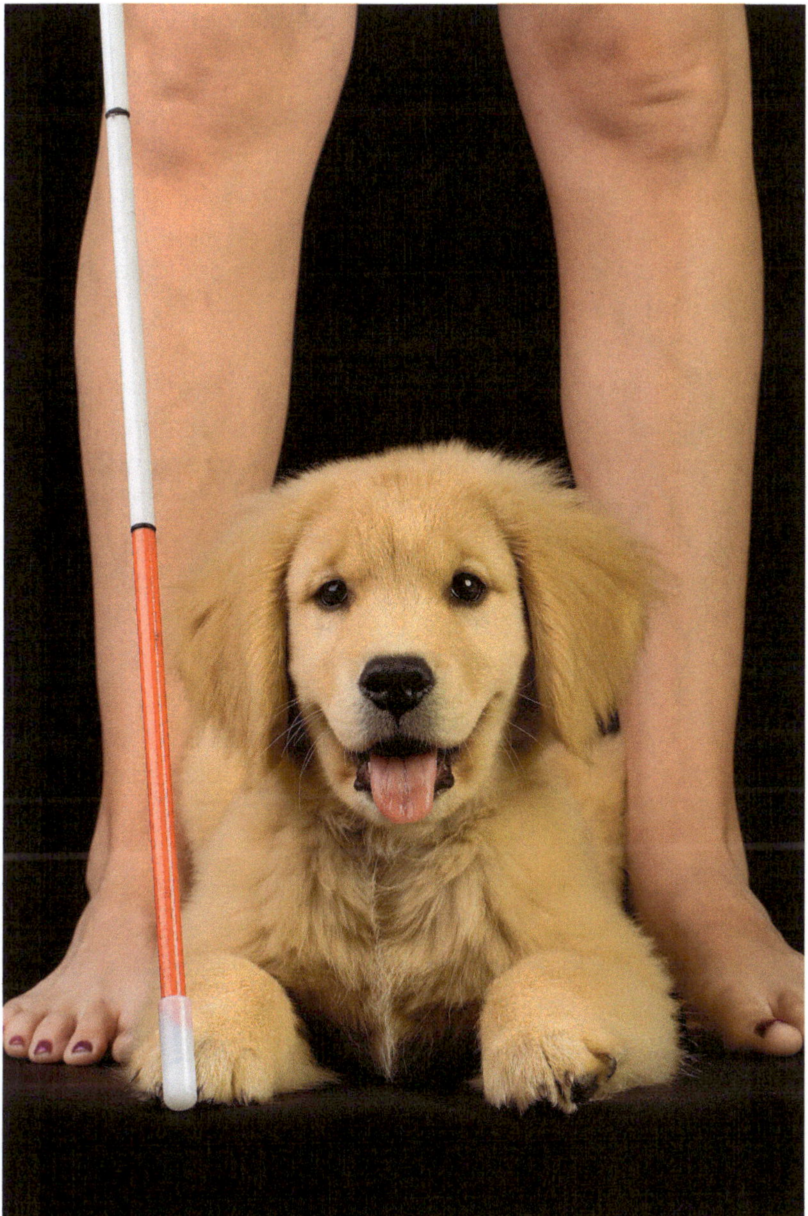

Belohnung: Was-wann-wie viel

Immer wieder ein schwieriges Thema: Die Belohnung des Hundes. Hier treffen sich die Befürworter („DU arbeitest doch auch nicht für Luft und Liebe!") mit den Gegnern („Für den Hund ist es schon Belohnung genug etwas für mich tun zu dürfen"). Ob es die EINE Wahrheit gibt, ist kaum zu sagen. Wenn ja, liegt sie wahrscheinlich irgendwo in der Mitte der sehr konträren Meinungen.

Bevor es hier um das Thema „Belohnung" des Hundes geht, ein wenig Theorie zum Verständnis. Belohnung meinte ursprünglich die „Auszahlung eines Lohns" oder eine „Abfindung, Anerkennung oder Ehrung" (Wikipedia, Stand April 2019). In der Psychologie wird der Begriff „Belohnung" heute auch für die Beschreibung eines „Verstärkers" (Wikipedia, Stand Juni 2019) genutzt. Vor diesem Hintergrund erklärt sich die Theorie: „Mein Hund soll nicht für Luft und Liebe alleine arbeiten, er bekommt natürlich etwas für seine Leistung". Für viele Menschen, die ja ebenfalls für ihre Arbeit (= Leistung) eine finanzielle / materielle Entlohnung (= Belohnung) erhalten, ist dies die einzige nachvollziehbare Vorgehensweise.

Bei der Umsetzung gibt es Menschen, die ihrem Hund für jede kleinste Leistung selbstverständlich eine Belohnung (Hundekeks / Leckerli) geben und die, die nur besondere Leistungen (z.B. den prompten Rückruf) belohnen und jede Menge Abstufungen dazwischen.

Ein Blick auf die beiden Extreme

Der „Immer-und-für-alles-Belohner“ und der „Nur – für - besondere - Leistungen - Belohner“.

Der „Immer – für – alles - Belohner“ hat immer Leckerli dabei und belohnt jede kleinste Leistung selbstverständlich immer und natürlich auch sofort (3 Sekunden-Regel). Dabei ist es fast egal ob der Hund eine größere Leistung vollbracht hat (z.B. aus dem Spiel mit seinem Lieblings-Hunde-Kumpel auf Zuruf zum Menschen zu kommen) oder etwas scheinbar Einfaches wie ein „Sitz“.

Ein Problem ist dabei häufig, dass viele Hunde irgendwann, meist in der Pubertät sehr genau abwägen ob die Belohnung beim Menschen besser ist als das, was sie gerade tun oder haben (wollen). Da wird das bisherige Lieblingsleckerli auf einmal verschmäht, weil das Spiel mit dem anderen Hund verlockender ist. Beim nächsten Mal wird dann schon ein „besseres“ Leckerli ausgepackt: Wurst, Käse oder Fisch. Doch auch dieses ist irgendwann aus Hundesicht nicht mehr so toll, dass es sich lohnt dafür ein schönes Spiel zu unterbrechen. Was folgt danach? Das Black-Angus-Steak? Der 100-Dollar Fisch? Irgendwann ist es schwierig immer noch ein „besseres“ Leckerli anbieten zu können.

Ein anderes Problem ist, dass auch Hunde gerne mal versuchen ihren Menschen auszutricksen. Frei nach dem Motto „Zeige mir erst mal meine Belohnung, dann überlege ich ob es sich lohnt“, warten viele Hunde erst einmal ab, bis der Mensch die Belohnung zeigt. In der Praxis sieht das zum Beispiel so aus: der Mensch fordert den Hund auf, sich hinzulegen. Bisher hat der Hund das „Hinlegen“ immer mit einem Leckerli in der

Hand ausgeführt: Hund sitzt, Menschenhand mit Leckerli wird vor der Hundenase langsam Richtung Boden geführt, Hund folgt mit der Nase und legt sich hin. Soweit die Theorie. In der Praxis wird das Leckerli irgendwann weg gelassen und der Hund bleibt sitzen, obwohl die Hand langsam in Richtung Boden geht. Obwohl doch eigentlich alles wie immer ist.

Viele Menschen haben dann nicht die Geduld zu warten, bis der Hund zu Ende gedacht und sich hingelegt hat. Sie greifen in die Leckerlitasche, der Hund hat wahrscheinlich noch nicht verstanden, was er machen soll. Möglicherweise stimmt das sogar, wenn die Übung „Hinlegen“ noch recht jung ist. Möglicherweise überlegt der Hund aber auch zunächst, ob sich das „Hinlegen“ lohnt. In den meisten Fällen hat der Hund recht: Geht es dem Menschen nicht schnell genug, greift er in die Leckerlitasche und der Hund lernt: „Aha, wenn der Mensch was sagt und ich nicht sofort reagiere, bekomme ich eine Belohnung (=Leckerli) und dann noch eines, wenn ich mich hingelegt habe.“

Der andere Menschentyp ist der „Nur-für-ganz-besondere-Leistungen-Belohner“.

Häufig haben auch diese Hundemenschen als „Für-alles-und-immer-Belohner“ angefangen. Je weiter der Hund in seiner Ausbildung gekommen ist, je sicherer die Kommandos rasch befolgt werden, desto seltener wird mit etwas Fressbarem belohnt. Meist werden der sofortige Rückruf und Hundebegegnungen belohnt.

Für viele Menschen sind dies die beiden schwierigsten Punkte, die viel Training erfordern und daher natürlich auch eine hohe Wertigkeit besitzen. Irgendwie nachvollziehbar, denn scheinbar nichts motiviert mehr als eine gelegentliche Belohnung. Wer nie weiß, wann es eine Belohnung gibt, wird ein Verhalten immer wieder zeigen, in der Hoffnung dass DIESMAL der richtige Moment ist. Ein Problem kann dabei sein, dass auch schon mal versehentlich unerwünschte Verhaltensweisen belohnt werden. Wer Probleme mit Hundebegegnungen hat und seinen Hund versucht mit einem Leckerli vom anderen Hund abzulenken (ihm dieses als schon zu Beginn der Situation zeigt und möglicherweise den Hund mal „probieren“ lässt), belohnt möglicherweise im falschen Augenblick und festigt dadurch das unerwünschte Verhalten.

Vor dem Hintergrund der Drei-Sekunden-Regel kann dies dazu führen, dass der Hund lernt: „Wenn ich frühzeitig Alarm mache, dass uns ein anderer Hund entgegen kommt, bekomme ich eine Belohnung und wenn ich mich dann noch mehr aufrege, während wir am Hund vorbei gehen bekomme ich noch mehr“.

Soweit die (mögliche) Denkweise des Hundes. Der Mensch hatte eher die Vorstellung: „Oh, er hat Stress, weil da ein anderer Hund kommt, lenke ich ihn mit Leckerli ab und wenn er eine oder zwei Sekunden ruhig ist, bekommt er direkt eine Belohnung, dann bei drei Sekunden Ruhe....“
Zwei völlig verschiedene Einschätzungen ein und der gleichen Situation.

Was taugt zur Belohnung?

Die beste Belohnung ist immer das, was der Hund gerade möchte oder etwas Besseres. Das ist nicht immer ganz einfach. Wenn der Hund zu einem anderen Hund möchte, dieser aber, aus welchem Grund auch immer, keinen Wert auf näheren Kontakt legt, wird es schwierig. Eine Alternative kann es sein dem Hund stattdessen eine Interaktion mit dem Menschen anzubieten, mit ihm zu spielen.
Doch wie bekommt der Mensch nun heraus, womit er seinen Hund belohnen kann? Bewährt hat sich hier eine Ideensammlung:

* Was ist eine schöne Belohnung für leichte Übungen? (das gewohnte Futter z.B.)
* Was ist schon ein wenig höherwertiger Lohn für etwas schwierigere Übungen? (Warten unter Ablenkung)
* Was ist die perfekte Belohnung wenn es schwierig wird? Abbruch eines Spieles zum Beispiel und
* Was ist die absolute über-ober-Hammer-Belohnung für wirklich schwierige Situationen?

Natürlich ist diese Ideensammlung nicht vom ersten Tag an perfekt, sie entwickelt sich in den ersten gemeinsamen Wochen und sollte immer wieder kritisch hinterfragt und ergänzt werden. Wichtig ist auch: Das Super-Hyper-Mega-Leckerli / Spiel gibt es wirklich nur in absoluten Ausnahmesituationen wie Wildbegegnungen oder Ähnlichem. Auch Belohnungen nutzen sich ab, wenn sie zu oft eingesetzt werden. In der Assistenzhunde-Ausbildung wird viel mit Motivation durch Leckerli / Futter trainiert. Gerade in der Spezialausbildung, also dem Training der konkreten Assistenzleistungen, helfen gute Leckerli weiter. Dafür muss der Hund aber bis zu diesem Trainingsschritt die Grundlagen und Grundkommandos zuverlässig ohne regelmäßige Belohnung ausführen.

Aber noch ein Punkt ist beim Thema Belohnung wichtig: Das Timing, also der richtige Zeitpunkt.

Die Drei-Sekunden-Regel

Die Lernpsychologie geht heute davon aus, dass eine Belohnung innerhalb von drei Sekunden erfolgen muss. Dauert sie länger, hat der zu Belohnende (Hund) vergessen, wofür die Belohnung ist und diese evtl. mit einer anderen Handlung verknüpft. Diese Drei-Sekunden-Regel der Belohnung stellt viele Menschen vor eine echte Herausforderung. Manche Menschen benötigen zunächst viel Übung OHNE Hund, bis das richtige Timing der Belohnung wirklich sitzt und der Hund rechtzeitig für sein gezeigtes Verhalten belohnt werden kann.

Andere Menschen können aufgrund einer Behinderung oder Erkrankung nicht „schnell" belohnen. In diesem Fall muss überlegt werden, wer den Hund stattdessen belohnt oder welche sonstigen Alternative es gibt. Eine Möglichkeit ist zum Beispiel, dass ein erfahrener Hundeausbilder dem Hund das

Prinzip „Clicker" beibringt und dann im Training „clickt" so dass der Assistenznehmer in Ruhe belohnen kann.

Eine andere Möglichkeit ist den Clicker durch ein leichter zu erzeugendes Geräusch zu ersetzen. Viele Menschen mit motorischen Problemen der Hände schnalzen mit der Zunge als Zeichen, dass der Hund seine Aufgabe gut gemacht hat.

Intermediäre Brücke

Wer sich mit Hundeausbildung beschäftigt, wird früher oder später über diesen Begriff stolpern. Die intermediäre Brücke ist eine Trainingsmethode, die mit einem „Anker" oder „Ankerwort" arbeitet. Hierbei wird der Hund auf ein Wort oder einen Pfiff trainiert der ihm bedeutet: „Halte noch ein wenig länger durch, du bist auf dem richtigen Weg!" Vielleicht erinnert sich der eine oder die andere an das Kinderspiel „Topf schlagen". Eine/r bekommt die Augen verbunden und muss den Topf suchen, indem er oder sie diesen mit einem Holzlöffel trifft. Die anderen dirigieren mit „warm" (=richtige Richtung) oder „kalt" (=falsche Richtung).

So ähnlich funktioniert die intermediäre Brücke. Sie ersetzt theoretisch das Wort „warm" und signalisiert dem Hund „Du bist auf dem richtigen Weg" ... zur Belohnung. Besonders gerne wird die intermediäre Brücke beim Rückruf eingesetzt. Hier signalisiert sie beim doppelten Rückruf, dass der Hund auf dem richtigen Weg ist.

Der Ablauf ist im Idealfall: Der Mensch spricht den Hund an – dieser wendet sich dem Menschen zu – der Mensch ruft den Hund zurück – der Hund kommt und wird dabei durch die intermediäre Brücke bestärkt, bis zu seinem Menschen zu laufen.

Bei Welpen und manchmal auch in der Pubertät, oder wenn der Rückruf noch aufgebaut wird, bewährt sich die intermediäre Brücke häufig. In wie weit sie auch bei einem gefestigten, erwachsenen Hund Sinn macht, muss jeder selber entscheiden. Nach häufigem Verständnis sollte sich der Hund gar nicht so weit vom Menschen entfernen, dass eine solche Unterstützung notwendig ist.

Manche Menschen setzen die intermediäre Brücke auch bei anderen Übungen ein: Bei-Fuß-laufen, auf der Fährte oder bei Tricks, die mit einer gehaltenen Position, auf die Seite legen zum Beispiel, zu tun haben.

Wie lange sollte ein Hund trainieren?

Das ist eine schwierige Frage, auf die es keine pauschale Antwort gibt. Jüngere Hunde können sich nur kürzer konzentrieren als ältere. Manche Hunde benötigen zwischen den einzelnen Übungen viel Zeit, um das gelernte zu verarbeiten.... Beim Assistenzhund kommt noch hinzu, dass im Alltag ja nicht nur Grundkommandos und Grundlagen trainiert werden, sondern auch die Sozialisierung einen großen Raum einnimmt.

Bewährt hat sich als Richtlinie die Formel: Eine Minute pro Lebenswoche am Tag, dabei nicht mehr als eine Minute pro Lebensmonat am Stück und dann wieder eine ausreichend lange Pause. Ein zwölf Wochen alter Welpe kann demnach insgesamt zwölf Minuten am Tag, aber nicht mehr als ungefähr drei Minuten am Stück gezielte Kommandos trainieren.

Fordert der Hund, wirkt sehr aufgedreht oder kommt schwer zur Ruhe, war das Training zu viel, zu lange oder zu anstrengend. Dann sollte das Tempo etwas gedrosselt und mehr Ruhepausen eingeplant werden.

Diese Formel ist natürlich irgendwann erschöpft. Für die meisten Hunde ist ein intensives, konzentriertes Training von drei mal fünfzehn Minuten am Tag vollkommen ausreichend.

SERVICE DOG

Kapitel 1: Grundkommandos

Sinn der Grundkommandos ist, den Hund in den unterschiedlichsten Situationen zuverlässig führen zu können. Die Grundkommandos sind Standard in den Assistenzhundeprüfungen der großen Organisationen. Ein Teil der Grundkommandos wird sowohl mit, als auch ohne Leine trainiert und geprüft. Was genau zu den Prüfungsstandards der gewählten Organisation gehört, sollte bei dieser angefragt werden.

Mit dem Training der Grundkommandos beginnt jede Hundeausbildung, egal ob Assistenzhund, Therapiehund, Schutz- oder Rettungshund. Nur ein guter Grundgehorsam, wozu auch die Grundkommandos gehören, sichert die Akzeptanz der Assistenzhunde und damit auch die Zutritts- und Mitnahmemöglichkeiten des ausgebildeten Assistenzhundes. Grundkommandos sind in den meisten Fällen keine schwierigen Aufgaben. Sie erfordern aber eine große Sorgfalt in der Ausführung, im Training und natürlich viel Geduld.

Ich beschränke mich in diesem Buch auf die Grundkommandos, die nach meiner Erfahrung im Alltag am häufigsten eingesetzt werden oder die in den Prüfungsvorgaben der aktuellen Assistenzhunde-Verordnung genannt werden.

1.1 Aus / Pfui

Ein Abbruchsignal wird in der AHundV als "Ausbildungsinhalt für alle Assistenzhundeformen" gefordert. Oft werden „Aus“ und „Pfui“ für ein und die gleiche Aufgabe verwendet: Der Hund soll das, was er im Maul hat, ausspucken. Die Schwierigkeit ist häufig, dass die Menschen zu hektisch werden und versuchen dem Hund aus dem Maul zu nehmen, was dort nicht hingehört. Hunde geben allerdings ihre „Beute“ oft nur sehr ungern ab: Sei es, weil sie es nicht gelernt haben, weil sie ihren Menschen nicht ernst nehmen oder es sich aus ihrer Sicht nicht lohnt.

Assistenzhunde lernen im Normalfall von klein auf nichts unerlaubt vom Boden auf und geben alles wieder her. Hierzu ist viel Geduld und viel Training notwendig und oft ist es eine echte Herausforderung, die Nase bzw. Schnauze des Hundes vom Boden fern zu halten.

Ziel: Auf das Wort- und / oder Handzeichen „Aus“ / „Pfui“, spuckt der Hund ALLES und JEDERZEIT wieder aus, was auch immer er gerade im Maul hat.

Benötigte Hilfsmittel: Clicker und eine richtig gute Belohnung, evtl. Halsband / Geschirr mit Leine um den Hund zu sichern, Spielzeug, große Kausachen, Socken,... alles was der Hund gerne ins Maul nimmt, aber was so groß ist, dass er es nicht sofort hinunter schlucken kann. Ungefährlichkeit ist dabei selbst-verständlich.

Für Fortgeschrittene: Fleischwurstbrötchen, Leberwurst, Fisch, ... Dinge, die gerne von Hundehassern mit Gift oder Scherben versehen und als Giftköder ausgelegt werden.

Trainingsaufbau
Im ersten Schritt lernt der Hund, dass es sich lohnt, Dinge wieder auszuspucken, weil es im Gegenzug etwas noch Besseres gibt. Zunächst darf der Hund einen großen Kausnack, ein Spielzeug oder ähnliches bearbeiten. Nach wenigen Sekunden lenkt der Mensch durch Locken die Aufmerksamkeit des Hundes auf sich und zeigt dem Hund das besonders gute Leckerchen in der Hand. Lässt der Hund z.B. den Kausnack, die Socke oder was er auch hatte los um nach dem Leckerli in der Hand zu langen, bekommt er das Kommando „Aus" oder „Pfui" und wird mit dem Leckerli aus der Hand belohnt. Wer ein richtig gutes Timing hat, kann den Hund im Augenblick des Loslassen clickern und hat dann ein paar Sekunden mehr Zeit für die Belohnung.

ACHTUNG: Bis der Hund das Kommando „Aus" / „Pfui" wirklich zuverlässig befolgt, nur UNGEFÄHRLICHE Trainingsobjekte verwenden! Erst wenn der Hund immer und sofort, zum Beispiel einen Ochsenziemer, getrockneten Pansen, oder die muffelnden Socken ausspuckt, mit kleineren oder schwierigeren Objekten anfangen.

ACHTUNG: Niemals, aber auch wirklich niemals bei dieser Übung hinter dem Hund herlaufen. Durch das hinterher Laufen lernt der Hund nur verbotene Dinge schneller zu schlucken, damit der Mensch nicht dran kommt. Das gleiche gilt für ins Maul fassen: Auch dies ist absolut Tabu! Der Hund lernt nur, wie schnell er schlucken muss, damit der Mensch keine Chance hat.

Besser ist es mit ausreichend großen Dingen anzufangen und den Hund gegebenenfalls mit Halsband / Geschirr und Leine am weglaufen zu hindern.

Sollte doch einmal die Sorge bestehen, der Hund könnte etwas Ungesundes / Giftiges, oder sonst wie Gefährliches verschluckt haben, lieber mit dem Tierarzt Rücksprache halten und gegebenenfalls in die Tierklinik fahren.

Das **Handzeichen** für „Aus" / „Pfui" sind drei Finger, die rasch und energisch von oben nach unten sausen. Dabei sind Zeigefinger und Mittelfinger ausgestreckt, der Daumen ist an den Zeigefinger angelegt.

1.2 Fuß

Auch das Kommando "Fuß", in Form einer entspannten Begleitung des Hundes mit und ohne Leine, ist ein Bestandteil der allgemeinen Ausbildungsinhalte für alle Assistenzhunde. Viele Menschen denken, dass „Fuß" und „an lockerer Leine laufen" das Gleiche ist. Im Sinne der AHund V kann dies so ausgelegt werden. Das korrekte „Fuß"-Kommando bedeutet jedoch, dass der Hund an lockerer Leine oder im Freilauf mit seiner Schulter auf Kniehöhe des Menschen läuft und den Menschen dabei ohne Unterbrechung anschaut. Diese Position ist für den Hund sehr unbequem und wird im Normalfall von einem Assistenzhund auch nicht benötigt. Hingegen bedeutet „laufen an lockerer Leine", dass der Hund entspannt neben dem Menschen läuft und sich dessen Tempo anpasst. Dabei ist es egal, ob der Hund angeleint ist oder nicht.

In dieser Beschreibung geht es um das „entspannte-neben-dem-Menschen-Laufen“, ohne zu überholen und dies mit lockerer Leine bzw. unangeleint. Ein scheinbarer Widerspruch: „An lockerer Leine laufen lernt der Hund nur mit lockerer Leine“. Was so widersprüchlich klingt, erklärt sich aus der Physik: Zieht der Hund erlebt er einen Widerstand am anderen Ende der Leine und ein Engegefühl an Hals oder Brustkorb. Er gewöhnt sich daran und wird weiter ziehen. Nur, wenn der Hund das Gefühl einer lockeren Leine (kein Gegenzug durch den Menschen und kein Engegefühl an Hals oder Brust) kennen lernt und für dieses Gefühl belohnt wird, wird er das Laufen an lockerer Leine als etwas Angenehmes erleben.

Ziel: Auf das Kommando „Fuß“ hin läuft der Hund entspannt im gleichbleibenden Abstand an der vom Menschen vorgegebenen Position, ohne an der Leine zu ziehen, ohne Korrekturen durch den Menschen und über eine längere Strecke.

Benötigte Hilfsmittel: Eine kurze Leine (1 Meter reicht im Normalfall), gut sitzendes Halsband oder Geschirr, Belohnung, evtl. Clicker.

Für Fortgeschrittene: „Rollileine“, „Autismusleine“, evtl. „Kurzführer“.

Trainingsaufbau

Wichtig beim Leinentraining ist, das Training direkt ab Einzug des Hundes zu beginnen und immer konsequent durch zu führen. Es verwirrt den Hund, wenn er einmal ziehen darf und dann wieder nicht. Am Anfang empfiehlt es sich oft, den Hund im Training bei der Übung „Leine laufen“ an einem gut sitzenden Halsband zu führen und in der Freizeit, wenn er auch an der leicht gespannten Leine laufen darf, an einem Brustgeschirr. Hunde lernen diese Unterscheidung meist recht schnell. Wichtig ist nur, dass der Hund auch am Brustgeschirr nicht so stark ziehen darf, dass er sich, seinen Menschen, oder andere gefährdet.

Beim Laufen an lockerer Leine ist es egal, ob der Hund links oder rechts läuft. Wichtig ist, dass er sich im Tempo an den Menschen anpasst und nicht ohne Kommando von der einen auf die andere Seite wechselt.

Ein medizinischer Warnhund wird möglicherweise ein kleines Stück vor laufen. Manche Warnhunde können ihre Aufgabe nicht erfüllen, wenn sie (vermeintlich korrekt) neben oder sogar hinter dem Menschen laufen. Aber auch medizinische Warnhunde ziehen nicht an der Leine. Sie laufen zwar ein kleines Stück vor dem Menschen, aber die Leine ist locker.

Für alle anderen Hunde gilt: Läuft der Hund an der gewünschten Stelle, wird er ruhig gelobt. Am Anfang laufen viele Hunde nur drei oder vier Schritte locker an der Leine auf einer Seite. Dies ist normal und wird im Laufe des Trainings weiter ausgebaut.

Läuft der Hund in eine andere Richtung, oder zieht, bleibt der Mensch stehen und beachtet seinen Hund nicht. Sobald der Hund merkt, dass es nicht weiter geht, wird er sich zu seinem Menschen umorientieren. Dies ist der richtige Zeitpunkt, den Hund anzusprechen. Läuft er zu seinem Menschen, geht dieser ruhig weiter bis der Hund das nächste Mal zieht. Nach kurzer Zeit wird sich der Hund schneller zum Menschen umdrehen, wenn die Leine sich spannt. Nun bleibt der Mensch stehen sobald die Leine sich spannt und besteht darauf, dass der Hund wieder an seine Seite kommt.

Manche Hunde ziehen vor allem zu Beginn des Spazierganges. Überlegen sie, ob der Hund sich vielleicht dringend lösen muss, gerade einfach zu viel Energie angestaut hat oder sie vielleicht in einer aufgeregten Stimmung los gegangen sind.

Bei besonders hartnäckigen Leinenziehern können Wechselspaziergänge bzw. Orientierungsspaziergänge helfen. Diese sollten von einem erfahrenen Ausbilder gezeigt und erklärt werden, um Unfälle zu vermeiden. Manchmal ist es nur eine Kleinigkeit im Verhalten oder in der Körpersprache des Menschen was den Hund veranlasst, hartnäckig an der Leine zu ziehen. Ein Blick von Außen kann da wahre Wunder bewirken.

Für Menschen mit wenig Kraft in den Händen oder mit Koordinierungsschwierigkeiten gibt es verschiedene Hilfsmittel für das Training. Führhalfter, verschiedene Leinen und Geschirre sollten jedoch immer nur ein vorübergehendes Hilfsmittel sein, bis ein ruhiges Laufen mit und ohne Leine sicher trainiert ist. Nicht alle frei verkäuflichen Hilfsmittel sind empfehlenswert oder für die Nutzung zugelassen. Daher bitte ich sehr darum, bei Schwierigkeiten einen erfahrenen Hundeausbilder anzusprechen.

Ist der Mensch gar nicht in der Lage auf seinen (ziehenden) Hund einzuwirken oder soll er mit dem Assistenznehmer zum Beispiel über eine „Rollileine“ verbunden werden, MUSS die Leinenführigkeit sicher funktionieren. Ein ziehender Hund, der mit einer Rollileine oder einem Jogginggurt mit seinem

Assistenznehmer verbunden ist, gefährdet sowohl seinen Menschen wie auch sich selber und seine Umgebung.

Ich wiederhole mich in diesem Punkt gerne noch einmal: In diesen Fällen muss die Leinenführigkeit sicher beherrscht werden, bevor der Hund das erste Mal mit seinem Assistenznehmer und einer Leine läuft.

Bitte bedenken sie auch: Alle möglichen Arten von Führgeschirr, Führhalfter, Leinen,... sind letzten Endes Hilfsmittel, die nicht dauerhaft eingesetzt werden sollten. Das Ziel ist immer, diese Hilfsmittel nicht dauerhaft zu benötigen. Spezielle Hilfsmittel für Assistenzhunde, wie Autismusleine, Stützgeschirr und ähnliches sind hiervon natürlich ausgenommen!

Das **Handzeichen** für das Kommando „Fuß“ ist der nach unten zeigende, gestreckte Zeigefinger der Hand, auf deren Seite der Hund laufen soll.

1.3 Fressbares vorsichtig nehmen

Viele Menschen haben schon die Erfahrung gemacht, dass Hunde ein Leckerchen aus der Hand nicht vorsichtig nehmen sondern dabei die „ganze Hand“ im Hundemaul verschwindet. Das ist zum einen unangenehm und bei Kindern oder Menschen mit einer empfindlichen Haut nicht ganz ungefährlich. Selbst wenn der Hund es nicht böse meint: Blaue Flecken sind bei diesen hündischen „Schnappschildkröten“ durchaus möglich.

Ziel: Auf das Wort- und / oder Handzeichen für „Vorsichtig“ nimmt der Hund ein angebotenes Leckerchen VORSICHTIG aus der Hand

Benötigte Hilfsmittel: Clicker, kleine Futterbelohnung unterschiedlicher Qualität, evtl. (Garten-)Handschuhe

Trainingsaufbau
Idealerweise lernt der Welpe von Anfang an, dass er mit Hektik und Gier nicht weiter kommt. Dazu wird ein Leckerchen in die Hand, bei besonderen hündischen Schnappschildkröten mit einem (Garten-) Handschuh, genommen und die Hand zu einer lockeren Faust geschlossen. Nun wird die geschlossene Faust dem Welpen / Hund hin gehalten. Dieser wird vermutlich durch Knabbern, Stupsen oder auch Kratzen versuchen an das Leckerchen zu gelangen. Wenn er dabei vorsichtig ist, das Maul geschlossen hält und mehr mit der Nase stupst, geht die Faust langsam auf und der Hund darf das Leckerchen nehmen. Fängt der Hund an, seine Zähne oder Pfoten zu benutzen, um schneller an das Leckerchen zu kommen, schließt sich die Faust schnell und ohne Kommentar.

Nun beginnt das Ganze wieder von vorne. Die meisten Hunde lernen sehr schnell, oft innerhalb von 5 bis 10 Wiederholungen, dass sie schneller an das gewünschte Leckerchen kommen, wenn sie vorsichtig sind. Sollte sie der Hund zwischendurch nur noch anschauen: SUPER! Hand öffnet sich und er darf direkt an das Leckerchen!

Sollte er das Interesse verlieren, öffnen Sie die Faust ein wenig, gehen damit in die Nähe seiner Nase und motivieren ihn, es erneut zu versuchen. Meist sind diese vorsichtigen Hunde sowieso nicht die, die die Übung „Futter vorsichtig nehmen" lange und intensiv trainieren müssen. Wenn ihr Hund gelernt hat, ein angebotenes Leckerchen von ihnen vorsichtig aus der Hand zu nehmen, können sie diese Übung z.B. mit einem Leckerchen auf dem Knie ausbauen. Hierbei wird ein Leckerchen auf das Bein gelegt, mit einer Hand abgedeckt und die Hand hebt sich nur, wenn der Hund vorsichtig ist.

Wenn auch dies gut klappt, kommen weitere Personen hinzu, damit der Hund lernt, bei JEDEM Vorsichtig zu sein. An diesem Punkt beginnt für zukünftige Assistenzhunde zusätzlich das Training für das Kommando: Futter nur nach Aufforderung von einer anderen Person anzunehmen.

1.4 Hinter dem Menschen laufen

In manchen Situationen ist es notwendig, den Hund hinter dem Menschen laufen zu lassen. Dabei läuft der Hund entspannt direkt hinter dem Menschen, ohne zu trödeln oder zu schnuppern und auch ohne seinen Kopf am Menschenbein vorbei zu stecken und zu schauen, was vorne passiert.

Ziel: Auf das Wort- und / oder Handzeichen für „Hinter-dem-Menschen- laufen“ reiht der Hund sich hinter dem Menschen ein und läuft entspannt und zügig hinter dem Menschen her.

Benötigte Hilfsmittel: Clicker, Leckerli, am besten eine Futtertube, evtl. Targetstick und zu Beginn eine Mauer oder eine schmale Gasse aus Zaunelementen.

Trainingsaufbau

Wenn der Hund gelernt hat, dem Targetstick zu folgen, kann dieser als Magnet hinter dem Rücken des Menschen geführt werden. Wichtig ist dabei die richtige Höhe, damit der Hund nicht versucht, den Targetstick durch Hüpfen zu erreichen oder dazu verleitet wird, am Boden zu schnüffeln.

Wenn der Hund den Targetstick nicht kennt oder der Mensch nicht mit diesem Hilfsmittel arbeiten kann oder möchte, ist der Aufbau wie folgt: Ein paar Leckerli werden in eine Hand genommen und diese hinter den Rücken gehalten. Je nachdem wie groß der Hund ist, ist hierbei Gelenkigkeit gefragt. Bei sehr kleinen Hunden muss die Leckerlihand oft zwischen den Beinen durch nach hinten geführt werden, so dass der Mensch mit rundem Rücken im „Watschelgang“ läuft. Bei großen Hunden reicht es meist, die Leckerlihand entspannt auf den unteren

Rücken zu halten. Nun geht der Mensch los. Der Hund sollte mit der Nase an der Hand / Futtertube bleiben und so hinter dem Menschen her laufen.

Im nächsten Schritt wird das Futter weg gelassen, die Hand aber als „Magnet“ weiter hinter dem Rücken geführt. Nun wird auch das Kommando „Hinter“ eingeführt und bestärkt.
Im dritten Schritt kommt die Gasse aus Zaunelementen oder notfalls eine einseitige Begrenzung (Mauer, Hauswand, Zaun...) zum Einsatz. Die Hand wird nun nur noch kurz am Anfang und bei Bedarf hinter den Rücken geführt. Der Hund sollte auf das Kommando „Hinter“ genau dort laufen: Hinter dem Menschen. Jetzt kann auch wieder mit dem Clicker bestärkt werden. Gefüttert wird natürlich dort, wo der Hund die Übung ausführt: Hinter dem Menschenrücken. Sollte der Hund in diesem dritten Schritt versuchen, nach vorne zu gelangen, wird ihm der Weg versperrt und erneut mit der Hand als Magnet gearbeitet. Viele Wiederholungen und eine konsequente Durchführung helfen auch hier dem Hund, das Kommando zu verstehen.

Das **Handzeichen** für das Kommando „Hinten“ ist entweder ein Kopfrucken nach hinten oder eine Faust, die mit dem gestreckten Daumen nach hinten zeigt.

TEDi

1.5 Lauf

Das „Lauf“ Kommando markiert das Ende einer Übung. Ein trainierter Assistenzhund weiß, dass mit dem Kommando „Lauf“ alle vorherigen Kommandos aufgehoben sind und er Freizeit hat.

Ziel: Das Wort- und / oder Handzeichen für „Lauf“ signalisiert dem Hund, dass eine Aufgabe beendet ist und auch erst einmal keine Weitere folgen wird. Der Hund hat „Freizeit“.

Benötigte Hilfsmittel: Clicker, kleine Belohnungen.

Trainingsaufbau

Von Anfang an wird jedes, aber auch wirklich jedes Kommando mit einem „Lauf“ beendet. Wichtig ist es dabei genau den Moment zu erwischen, BEVOR der Hund das Kommando von alleine auflöst. Bei den meisten Hunden sind es zu Beginn des Trainings wenige Sekunden, die der Hund im Kommando verbleibt. Am Beispiel „Sitz“ erklärt sich der Ablauf recht deutlich: Der Hund wird in die Position „Sitz“ gebracht und soll nun so lange sitzen bleiben, bis ein anderes Kommando folgt. Irgendwann, mal schneller mal langsamer, steht der Hund aus dem Sitzen auf, kratzt sich oder legt sich hin. Nun gilt es den Zeitpunkt ab zu passen BEVOR der Hund dies tut.

Sitzt der Hund, wird zunächst nach wenigen Sekunden das Wort „Lauf“ gesagt und zeitgleich das Handzeichen hierfür gegeben. Ob der Hund nach dem Kommando „Lauf“ aufsteht, sich hinlegt, oder sitzen bleibt, ist seine Entscheidung. Der Hund hat in diesem Moment Freizeit. In kleinen Schritten wird nun die Dauer des Sitzens verlängert. Wichtig ist, dass der

Hund das Kommando möglichst niemals selber auflöst (also z.B. aufsteht), sondern der Mensch die Übung beendet. Beim Clickern ist wichtig: Der Click erfolgt dort, wo der Hund die Übung ausführt. Am Anfang ist es sinnvoll den Hund auch dort (in der Position oder in der Situation) zu belohnen. Beim Sitzen demnach in der Position „Sitz“ und BEVOR der Hund aufsteht.

Später in der Ausbildung erfolgt der Click in der gewünschten Situation und die Belohnung später. Vorteil dieser Methode ist: Der Hund löst das Kommando oder die Situation nicht alleine auf, um sich seine Belohnung abzuholen.

Das **Handzeichen** für das Kommando „Lauf“ ist eine wischende Handbewegung neben dem menschlichen Körper, als würde der Mensch eine Tischdecke von einem hinter ihm stehenden Tisch ziehen.

1.6 Links bzw. rechts herum

In vielen Situationen ist es sinnvoll, den Hund um ein großes Objekt herum schicken zu können. Manchmal ist ein Weg durch eine Mülltonne, eine kleine Mauer oder etwas Vergleichbarem versperrt.

Ziel: Der Hund soll sich auf Kommando von seinem Menschen lösen und um ein im Weg stehendes Objekt herum gehen. Dabei schnuppert er weder am Boden, am Wegesrand oder an anderen Menschen, markiert nicht und läuft am Ende zügig wieder an die Seite seines Menschen.

Benötigte Hilfsmittel: Clicker, Leckerli, evtl. Targetstick, größere Objekte die den Weg versperren können wie Mülltonnen, Pylonen, niedrige Gitter....

Trainingsaufbau

Zunächst ist es wichtig, dass der Hund auch ohne Leine entspannt neben seinem Menschen her läuft. Dabei darf er weder trödeln oder vor laufen, nicht am Boden schnuppern oder gar das Beinchen heben. Nun läuft der Mensch mit seinem Hund gemeinsam auf das Hindernis zu. Der Mensch geht dabei so eng neben dem Hindernis, dass der Hund sich nicht dazwischen quetschen kann. Nun wird die Hand auf der Seite, auf der der Hund läuft, wie ein Magnet (eventuell mit einem Leckerli in der Hand) auf die „andere" Seite des Hindernisses geführt. Der Hund folgt im Idealfall der Hand und wird sofort gelobt. Nach wenigen Wiederholungen folgen die meisten Hunde der Menschenhand auch ohne Leckerli. Nun sagt der Mensch in dem Augenblick, wo die Wege sich durch das Objekt trennen, das Kommando „links", wenn der Hund links am Objekt vorbei laufen soll oder „rechts“, wenn er rechts am Objekt vorbei laufen soll.

ACHTUNG: Auch wenn der Hund auf seinen Menschen zu läuft, werden die Richtungen aus HUNDESICHT benannt! Nur so läuft der Hund wirklich mit dem Objekt an seiner linken Seite (Kommando „rechts“) oder an seiner rechten Seite (Kommando „links“) korrekt. Vielen Hunden hilft es, wenn die entsprechende Hand unterstützend ausgestreckt wird. Doch Achtung: Folgt der Hund der Hand und diese wird irgendwann zwangsweise wieder zurück gezogen, kommen oft auch die Hunde wieder zurück! Sie folgen der Hand wie sie es gelernt haben. Deshalb die Hand lieber in einer „schickenden“ Bewegung oder ausgestreckt über das Objekt hinweg führen.

Das **Handzeichen** für „Links“ bzw. „Rechts“ vorbei ist der ausgestreckte Arm auf der entsprechenden Seite, der in einer fließenden Bewegung mit der Handfläche nach vorne von hinten nach vorne geführt wird.

1.7 Langsam Fressen / nach Aufforderung fressen

Hunde sind Schlingfresser. Ein paar mäkelige Ausnahmen mag es geben, aber im Normalfall verschlingen Hunde ihr Fressen in großen Stücken und sehr hastig. In der heutigen Zeit ist dies für Haushunde in den allermeisten Fällen nicht mehr notwendig: Der Napf wird immer wieder, meist sogar mehrmals täglich, neu gefüllt. Natürlich gibt es verschiedene Hilfsmittel, Anti-Schling-Näpfe oder sonstige Dinge, die den Hund langsamer fressen lassen sollen. An dieser Stelle wird jedoch eine andere Möglichkeit beschrieben, die viele Hunde langsamer fressen lässt. Voraussetzung ist, dass der Hund keine Aggressionen im Umgang mit Futter oder Ressourcen zeigt und einen normalen, gesunden Ernährungszustand hat. Zeigt der Hund irgendwelche Aggressionen im Zusammenhang mit Futter oder sonstigen Ressourcen ist Rat und Unterstützung bei einem erfahrenen Trainer einzuholen!

Ziel: Das Wort- und / oder Handzeichen für „langsames Fressen“ beinhaltet auch das geduldige Warten, bis der Napf auf dem Boden steht und das Futter „frei“ gegeben ist. Erst dann darf der Hund fressen.

Benötigte Hilfsmittel: Futter in mehreren Portionen, Futternapf, ggf. Halsband / Geschirr und Leine, um den Hund zu sichern.

Trainingsaufbau

Diese Übung ist eigentlich eine der einfachsten, benötigt aber viel Zeit und Geduld. Egal was der Hund macht: Der Mensch darf niemals ungeduldig, sauer, enttäuscht oder wütend werden. Dies alles sind Emotionen, die der Hund nicht zuordnen kann oder im Zusammenhang mit Futter „falsch" verstehen könnte. Der Hund wird bei Bedarf mit Halsband / Geschirr und Leine gesichert und von einer zweiten Person gehalten, alternativ an einem stabilen Haken gesichert. Nun wird der Futternapf mit einer ersten, kleinen Teilportion Futter gefüllt. Der Hund erhält hierbei kein Kommando. Er soll von sich aus ruhig sein und abwarten. Ist der Hund laut oder sehr unruhig, wird die Tätigkeit unterbrochen und erst wieder aufgenommen, wenn der Hund ruhig ist. Bleibt der Hund ruhig, wird er langsam mit der Hand gefüttert. Ist er auch dabei ruhig, wird der Napf auf den Boden gestellt und dieser mit der Hand oder dem Fuß gesichert. Ist der Hund auch hierbei ruhig, wird der Napf langsam und mit größter Ruhe zum Hund geschoben und der Hund darf fressen. Dabei wird er **in Ruhe** gelassen.

Ist die Miniportion aufgefressen, wiederholt sich das ganze Prozedere: Napf aufheben, mit einer Teilportion füllen, ... Wichtig bei dieser Übung ist, dass der Hund weder komplett ausgehungert, noch sehr aufgeregt sein darf. Nach vielen Wiederholungen lernt der Hund, dass er erst etwas zu fressen bekommt, wenn er sich ruhig verhält. Auch lernt er, dass er nicht alles auf einmal in sich hinein schlingen muss.

Hat der Hund dieses verstanden, kommt der zweite Schritt: Der Hund darf etwas nur nach Aufforderung fressen. Auch hierbei wird der Napf gefüllt und der Hund muss warten bis der Mensch den Napf „frei" gibt. Hierzu wird der Napf wieder mit Hand oder Fuß abgeschirmt und erst wenn der Hund wirklich ruhig ist, „frei" gegeben. In einem weiteren Schritt lernt der Hund nur nach Erlaubnis von einem anderen Menschen etwas Fressbares zu nehmen.

Das **Handzeichen** für „langsam fressen“ ist eine einladende Geste mit der Hand.

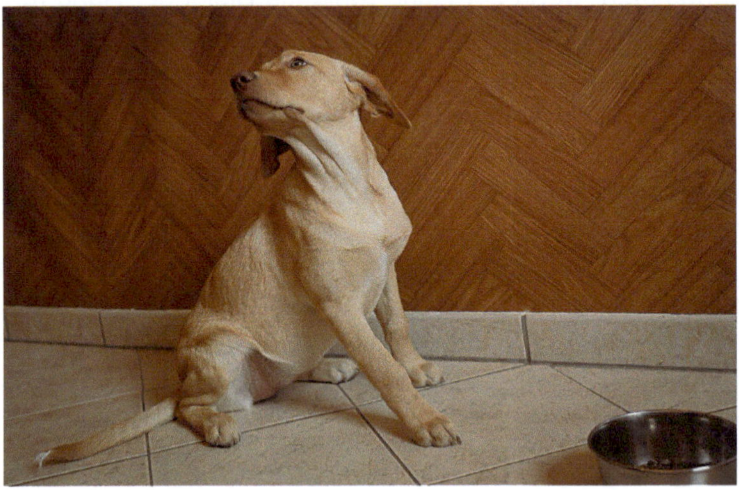

1.8 Nein

Genau wie der sichere Rückruf und das Kommando „Stopp" kann das kleine Wort „Nein" Leben retten: Zum Beispiel wenn der Hund etwas fressen möchte, was ungesund oder sogar gefährlich ist, oder irgend wo hin gehen möchte, wo Gefahren drohen. Dennoch ist es eines der Kommandos, das vielen Menschen am schwersten fällt. Häufig steckt eine Sorge vor Ablehnung dahinter. Menschen haben oft die Sorge, dass ihr Gegenüber sie nicht mehr „mag", wenn sie etwas ablehnen. Hunde denken jedoch in diesem Punkt scheinbar anders und nehmen ein „Nein", also ein Verbot, gelassen hin. Darüber hinaus ist das Kommando „Nein" auch ein Unterbrecher. Auf das Kommando hin lernt der Hund aufzuhören mit dem, was er gerade tut und sich seinem Menschen zuzuwenden. Dieser muss dem Kommando „Nein" ein zweites Kommando folgen lassen, damit der Hund weiß, was er stattdessen tun soll.

Ziel: Auf das Wort- und / oder Handzeichen für „Nein", lässt der Hund was er gerade vorhatte sein und orientiert sich um. Ein „Nein" benötigt immer ein zweites Kommando, welches dem Hund sagt, was er stattdessen machen darf oder soll.

Benötigte Hilfsmittel: Clicker, Belohnung, irgend etwas, das der Hund gerne haben möchte, ein Spielzeug z.B..
Für Fortgeschrittene: viele verschiedene Reize, die der Hund gerne haben möchte und die dazu passenden Belohnungen.

Trainingsaufbau
Ein Leckerli oder ein Spielzeug wird auf den Boden gelegt und mit einer Hand oder einem Fuß abgedeckt. Hand oder Fuß werden etwas angehoben um das Interesse des Hundes zu

wecken. Nähert sich die Nase oder Pfote des Hundes dem Leckerli / Spielzeug, wird es wieder abgedeckt und der Hund hört ein energisches „Nein“. Entfernt sich der Hund auch nur ein kleines Stück, wendet den Kopf ab, senkt die Pfote wieder oder schaut den Menschen an, bekommt er eine Belohnung.

PROBLEM: Bei vielen Menschen klingen die Worte „Nein“ und „Fein“ gleich. Jedoch bedeutet das eine Wort ein Verbot, das andere hingegen ein Lob, eine Bestärkung. Viele Menschen verwenden daher das englische Wort „No“ für „Nein“. Ein energisches „No“ kommt bei vielen Hunden als das an was es ist: Ein Verbot.

Fortgeschrittene üben das „Nein“ in unterschiedlichen Situationen, aber immer so, dass sie die Situation kontrollieren können.

Das **Handzeichen** für „Nein“ ist der erhobene Zeigefinger, der vor dem Hundegesicht von links nach rechts / hin und her bewegt wird.

So soll es nicht sein: im Einsatz soll der Assistenzhund nicht an Gegenständen schnüffeln, außer es gehört zu seinen Aufgaben.

1.9 Platz

Ein sicheres Kommando für "Hinlegen" wird in der AHundV als "Ausbildungsinhalt für die Grundausbildung aller Assistenzhundeformen" genannt. Auch in der Praxis hat sich ein sichere Hinlegen, oft in Verbindung mit warten bewährt. Das Kommando „Platz“ bedeutet für den Hund das sofortige Hinlegen, egal auf welchem Untergrund, unabhängig von der Distanz zwischen Hund und Mensch und Ablenkungen der Umgebung.

Ziel: Auf das Wort- und / oder Handzeichen für „Platz“ legt sich der Hund zuverlässig, unabhängig von Untergrund, Distanz zum Menschen, Ablenkung oder dem, was der Hund vorher gemacht hat, hin.

Benötigte Hilfsmittel: Clicker, Belohnung, unterschiedliche Situationen & Untergründe z.B. Decke, Kissen, Teppich,... später auch erhöht.

Trainingsaufbau

Hunde legen sich von Natur aus z.B. hin, wenn sie müde oder sehr entspannt sind. Manche Hunde legen sich auch hin, um an ein Leckerchen zu gelangen, das irgendwo drunter liegt. Dabei gibt es drei verschiedene Arten, bei denen ein Hund sich hinlegen kann:

1. Ein entspanntes Liegen, bei dem die Hinterbeine oft auf einer Seite liegen und die Vorderbeine ausgestreckt oder angewinkelt sind.
2. Ein sog. „Arbeitsplatz“, bei dem die Vorderbeine nach vorne ausgestreckt sind und die Hinterbeine parallel auf beiden Seiten

des Körpers liegen. Beim Arbeitsplatz sieht der Hund aus wie auf dem Sprung, er erwartet weitere Kommandos,
3. Das Platz auf der Seite, meist bei großer Entspannung und im Schlaf.

Für das Kommando „Platz“ wird das sog. Arbeitsplatz benötigt. Das entspannte Platz mit beiden Hinterbeinen auf einer Seite wird für andere Übungen (Übung Nr. 1.10 „Place“) benötigt. Beim Welpen wird sowohl jedes spontane Hinlegen (Arbeitsplatz) bestärkt, wie auch das Kommando „Platz“ gezielt trainiert. Für das gezielte Training ist der Hund aufmerksam und achtet auf den Menschen. Nun klemmt sich der Mensch ein kleines Leckerchen zwischen Daumen und Mittelfinger und senkt die Hand mit der Handfläche nach unten vor der Hundenase auf den Boden. Das Leckerchen bleibt dabei wo es ist. Der Welpe wird der Hand mit der Nase folgen, bis er sich im Idealfall direkt hinlegt. Manche Hunde legen zwar den Vorderkörper auf den Boden, halten aber den Popo in die Höhe. In diesem Fall heißt es Geduld haben und den Augenblick abwarten, bis auch der Popo zu Boden geht. Sobald der Hund komplett liegt, erfolgt das Kommando „Platz“ und der Welpe bekommt seine Belohnung.

Nach wenigen Wiederholungen MIT Leckerchen wird dieses weg gelassen und der Hund legt sich auf das Kommando „Platz“ erwartungsvoll hin. Jetzt ist es Zeit den Hund zunächst mit dem Clicker für das „Platz“ zu bestärken und dann mit Leckerchen zu belohnen. Im nächsten Trainingsschritt wird der Abstand zwischen Mensch und Hund vergrößert und auch die Zeit, die der Hund liegen bleiben muss, bis er seine Belohnung bekommt. Auch lernt der Hund von Anfang an, sich auf unterschiedlichen Untergründen zu legen. Nach vielen

Wiederholungen mit einem guten Belohnungstiming wird der Hund schnell verstanden haben, dass ein „Platz“ bedeutet, sich hin zu legen. Manche Hunde haben große Schwierigkeiten sich komplett hinzulegen. Manchen fehlt die Koordination, manchen das Vertrauen. In diesen Fällen besteht die Möglichkeit, den Hund durch ein angewinkeltes Knie zu führen und damit vorsichtig zu leiten. Legt der Hund sich immer noch nicht freiwillig hin, kann eine medizinische Ursache dahinter stecken. Diese sollte tierärztlich abgeklärt werden. Liegt keine medizinische Ursache vor, kann ein erfahrener Hundeausbilder unterstützen.

Das **Handzeichen** für „Platz“ ist die offene Hand, die mit der Handfläche nach unten vor dem Körper Richtung Boden gesenkt wird.

Lay Down

1.10 Place

(konditionierte Entspannung)

Das Kommando „Place“ ist ein recht neues Kommando. Hierbei geht es darum, dass der Hund einen definierten Ort (Place) oder ein Hilfsmittel (dem „Marker“- Zeichen) mit Entspannung in Verbindung bringt. Diese Übung benötigt zu Beginn sehr viel Geduld und unzählige Wiederholungen. Hat der Hund das Kommando verinnerlicht, kann er sich auch in unbekannten Situationen schnell entspannen. Besonders Warn- & Anzeigehunde, Signalhunde bei Hörbehinderung und Hunden die bei einem Menschen mit hoher innerer Anspannung leben fällt diese Übung zu Beginn meist sehr schwer. Da sie permanent mit einem Ohr „on“ sind, müssen sie erst lernen, sich zu entspannen, ohne dabei ihre Aufgabe und ihren Menschen komplett zu missachten.

Ziel: Das Wort- und / oder Handzeichen für „Place“ signalisiert dem Hund eine trainierte (konditionierte) Entspannung in allen Situationen.

Benötigte Hilfsmittel: ein „Marker“-Zeichen wie z.B. die Hundeleine, ein kleines Tuch, eine Decke…, Clicker und Leckerchen

Trainingsaufbau
Für die ersten Schritte ist es entscheidend, ob der Hund schon älter ist und das Wort „Platz“ schon kennt, oder ob mit einem Welpen trainiert wird. Mit einem Welpen wird sofort nach Einzug begonnen, ein „Place“ zu trainieren. Hierzu wird dem Welpen, wenn er müde ist, der Marker, z.B. eine kleine Decke, ein Gästehandtuch oder ähnliches mit in seinen Schlafkorb gelegt. Möglichst in die Nähe es Kopfes, so dass der Welpe den Marker auch erkennen kann. Wenn der Welpe wach wird, wird der Marker zu Beginn sofort wieder entfernt, bis zum nächsten Nickerchen. Ist der Welpe älter, wird der Marker auch an andere Plätze mitgenommen und der Welpe ganz oder teilweise darauf platziert. Niemals sollte der Marker mit Aktion, Aufregung oder Spiel verbunden werden. Er dient ausschließlich dem Training der „konditionierten Entspannung“. Ist der Hund schon älter und kennt evtl. ein entspanntes Hinlegen, wird er per „freeshapen“ (wird im weiteren noch erklärt) dazu gebracht, sich auf den bzw. zum Marker zu bewegen und dort hin zu legen.

Vielen Hunden fällt es in unbekannter Umgebung oder auf längeren Bahn- oder Autofahrten schwer, sich zu entspannen. Auch hier kann das Kommando „Place“ helfen, eine konditionierte Entspannung herbei zu führen.

WICHTIG: Auf seinem „Place“ hat der Hund seine Ruhe. Dies gilt vor allem für Kinder die oft erst lernen müssen einem Hund auch Ruhephasen zu gönnen. Gehören zu den Assistenzaufgaben gemeinsame Kuschelrunden von Hund und Mensch, werden diese nicht im „“Place“ durch geführt!

Auch **WICHTIG:** Wenn der Assistenzhund das Gefühl hat, sein Mensch benötigt seine Unterstützung oder wenn der Warnhund seinen Menschen warnt, wird er das Kommando immer verlassen. Dies nennt sich „intelligente Gehorsamsverweigerung“.

Ein **Handzeichen** für das Kommando „Place“ gibt es nicht. Das Zeichen ist der Marker, egal wie er auch aussehen mag.

1.11 Seitenwechsel

Fast alle Assistenzhunde sollten lernen, an beiden Seiten des Menschen zu laufen. Eine Ausnahme sind die Blindenführhunde, die im Normalfall auf einer Seite bleiben. Dabei ist es wichtig, dass sie auf das Kommando „Seitenwechsel“ hinter dem Menschen kreuzen. Kreuzt der Hund vor dem Menschen, sind Unfälle vorprogrammiert. Eine Ausnahme ist der Blindenführhund, der vor dem Menschen die Seite wechselt und die Assistenzhunde, deren spezielle Leine z.B. am Rollstuhl fest gemacht ist. Diese Hunde wechseln vor dem Hundeführer die Seite, um ein Leinenchaos und damit verbundene Unfälle zu vermeiden.

Ziel: Auf das Wort und / oder Handzeichen für den „Seitenwechsel“ wechselt der Hund HINTER dem Menschen von der linken auf die rechte oder von der rechten auf die linke Seite. Eine Ausnahme bilden Hunde, die ein Stützgeschirr tragen. Diese wechseln vor ihrem Menschen die Seite.

Benötigte Hilfsmittel: Clicker, Leckerli, evtl. Targetstick.

Trainingsaufbau
Zunächst wird der Hund (mit oder ohne Leine) auf einer Seite geführt. Der Mensch nimmt nun in beide Hände mehrere Leckerchen und bleibt stehen. Der Hund steht in diesem Beispiel zunächst auf der linken Seite des Menschen. Nun führt der Mensch seine LINKE Hand langsam nach hinten bis auf Höhe der Wirbelsäule. Dort kommt die RECHTE Hand hinzu und übernimmt die Hundeschnauze, die idealerweise bis hierhin der Hand gefolgt ist. Nun wird die rechte Hand langsam wieder nach vorne geführt. Wenn der Mensch diesen ersten Schritt

langsam genug ausgeführt hat und der Hund aufmerksam war, sollte der Hund nun an der rechten Seite und mit der Schnauze an der rechten Hand sein.

Der Hund erhält nun aus der rechten Hand EIN Leckerchen und darf ein paar Schritte an der rechten Seite laufen. Danach geht die rechte Hand nach hinten bis auf Höhe der Wirbelsäule und trifft dort auf die linke Hand, die nun ihrerseits wieder die Hundeschnauze „übernimmt“ und langsam nach vorne führt. Nun erhält der Hund auf der linken Seite seine Belohnung und läuft ein paar Schritte an der linken Seite seines Menschen. Klappen diese Wechsel wenn der Mensch steht, kann das Wort für die jeweilige Seite („Links“ oder „Rechts“) eingeführt werden. Im nächsten Schritt geht der Mensch langsam weiter, während die Hände mit Leckerli den Hund noch wie ein Magnet führen. Klappt auch dies gut, werden die Leckerli langsam abgebaut und der Hund erhält jeweils ein Lob (oder einen Click mit anschließendem Leckerli), wenn er auf der benannten Seite angekommen ist.

Das **Handzeichen** für den Seitenwechsel ist eine Hand, die den gewünschten Weg des Hundes andeutet. Soll der Hund von links nach rechts wechseln, demnach eine linke Hand, die mit Schwung hinter den Rücken zeigt.

1.12 Sitz

Ein verlässliches Hinsetzen ist ebenfalls ein Bestandteil der Grundausbildung für alle Assistenzhundeformen und in der AHundV genannt. Beim Kommando „Sitz“ setzt sich der Hund immer und überall sofort hin, ohne zuvor zum Menschen zu laufen.

Ziel: Auf das Wort- und / oder Handzeichen für „Sitz“ setzt sich der Hund zuverlässig, unabhängig von Untergrund oder der Distanz zum Menschen, Ablenkung oder dem, was der Hund vorher gemacht hat, hin.

Benötigte Hilfsmittel: Clicker (wenn der Hund diesen kennt), Leckerchen, im Laufe der Ausbildung verschiedene Untergründe (auch erhöhte wie ein kleines Podest oder eine Treppenstufe) und unterschiedliche Ablenkungen (Straßenverkehr, andere Menschen, andere Hunde / Tiere...).

Trainingsaufbau

Auch wenn Hunde sich von Natur aus hinsetzen, muss das Kommando „Sitz“ trainiert werden. Beim Welpen wird sowohl jedes spontane Hinsetzen bestärkt, wie auch gezielt das Kommando „Sitz“ trainiert. Für das gezielte Training ist der Hund aufmerksam und achtet auf den Menschen. Nun klemmt sich der Mensch ein kleines Leckerchen zwischen Daumen und Mittelfinger, und streckt den Zeigefinger senkrecht nach oben. Das Leckerchen bleibt dabei wo es ist. Diese Hand wandert nun langsam vor der Hundenase nach oben, so dass der Hund sich auf den Popo setzt, um das Leckerchen weiter im Blick zu behalten. Geht der Hundepopo Richtung Boden, erfolgt das Kommando „Sitz“ und der Hund bekommt das Leckerchen.

Nach wenigen Wiederholungen MIT Leckerchen wird dieses weg gelassen und der Hund setzt sich auf das Kommando „Sitz“ erwartungsvoll hin. Jetzt ist es Zeit den Hund zunächst mit dem Clicker für das „Sitz“ zu bestärken und dann mit Leckerchen zu belohnen. Der zeitliche Abstand zwischen dem Click und dem Leckerchen ist dabei zu Beginn so kurz, dass der Hund das Kommando „Sitz“ nicht selber auflöst, um sich seine Belohnung zu holen. Im nächsten Trainingsschritt wird der Abstand zwischen Mensch und Hund vergrößert und auch die Zeit, die der Hund sitzen bleiben muss, bis er seine Belohnung bekommt. Zusätzlich lernt der Hund von Anfang an, sich auf unterschiedlichen Untergründen (Teppich, Fliesen, Gitter, Rasen, Matten, Stufen, Podeste...) zu setzen. Nach vielen Wiederholungen mit einem guten Belohnungstiming wird der Hund schnell verstanden haben, dass ein „Sitz“ bedeutet, sich hin zu setzen.

Das **Handzeichen** für „Sitz“ ist der erhobene Zeigefinger, der vor dem Körper von unten nach oben geführt wird. Alternativ die ausgestreckte Hand mit nach oben deutender Handfläche.

Sit Down

1.13 Stopp

Es ist noch unklar, ob ein Stoppsignal laut AHundV zu den Abbruchsignalen gehört oder nicht. Sinn macht es auf jeden Fall, den Hund auch auf Entfernung zum Anhalten bringen zu können. Das Stoppen aus Entfernung ist ein wichtiges Kommando und kann manchmal (Hunde-)Leben retten. Das mag übertrieben klingen, aber wer schon einmal erlebt hat, wie ein Auto auf einem Feldweg auftaucht und den Weg eines laufenden Hundes zu kreuzen droht, wird dieses Kommando nicht mehr missen wollen.

Es gibt zwei Möglichkeiten des Stoppens: Eine, bei der der Hund vor dem Menschen läuft und aus seinem Rücken heraus gestoppt wird und eine zweite, bei der der Hund im Herankommen gestoppt wird (in der Frontalansicht). Da beide Varianten gleich wichtig sind, werden hier auch beide besprochen.

Ziel: Auf das Kommando „Stopp“ hin hält der Hund SOFORT an und nimmt gegebenenfalls eine vorher definierte Position ein.

Benötigte Hilfsmittel: Clicker, Belohnung, evtl. ein Spielzeug, ein gut sitzendes Geschirr und eine Schleppleine von zehn Metern.

Trainingsaufbau

Stoppen wenn der Hund auf den Menschen zu rennt

Der Hund muss das zurück Kommen sicher beherrschen! Der Hund wird, gegebenenfalls auf einer Decke / Matte, abgesetzt. Nun entfernt sich der Mensch langsam rückwärts gehend, bis der Abstand ca. fünf bis zehn Meter beträgt. Die Distanz ist individuell vom Hund abhängig: Kleine oder langsame Hunde eher zehn Meter, schnelle Hunde eher fünf Meter. Der Hund wartet am vorgegebenen Platz. Der Mensch bleibt in der gewählten Distanz stehen und wartet, während er den Hund anschaut. Der Mensch hat in seiner stärkeren Hand ein Spielzeug, das der Hund kennt und mag.

Nun ruft der Mensch seinen Hund zu sich und GLEICHZEITIG geht die Hand mit dem Spielzeug nach oben oder vorne (typabhängig, je nachdem, was leichter ist). Wenn der Hund sich zwei bis drei Schritte bewegt hat, schnellt die Hand nach vorne bis zum höchsten Punkt, das Spielzeug fliegt jedoch NICHT, sondern verbleibt in der Hand! Wichtig ist, dass die Bewegung wirklich am höchsten Punkt GESTOPPT wird! So bleibt der Hund stehen um zu schauen, wo das Spielzeug hin fliegen wird. Genau diese Sekunde wird belohnt! Danach kann das Spielzeug zur Belohnung in kurzer Distanz fliegen.

Manche Hunde schauen nicht hoch, sondern eher auf Hüfthöhe des Menschen. Für diese Hunde wird angedeutet das Spielzeug „von unten“ heraus zu werfen. Es empfiehlt sich, diesen Bewegungsablauf erst einmal OHNE Hund zu üben. Nach ein paar Wiederholungen wird der Hund auf die Armbewegung hin anhalten. Nun ist der Zeitpunkt das Wort „Stopp“ einzuführen. Wichtig ist, dass dieses Kommando wirklich sehr energisch ausgesprochen wird. Es ist eine Lebensversicherung und mit genau dieser Betonung sollte es ausgesprochen werden. Kann der Hund bereits auf Entfernung sitzen oder liegen, erfolgt nach dem Stopp-Wort das normal ausgesprochene „Sitz“ oder „Platz“.

WICHTIG: Nur bei ungefähr einem von zehn Abrufen wird der Hund gestoppt. Es besteht sonst die Gefahr, dass der Hund nicht mehr freudig zurück kommt, sondern erst einmal abwartet. Die Belohnung erfolgt dort, wo der Hund angehalten hat! Beim Stopp gilt dies nicht nur für den „Click“, sondern auch für die Belohnung selber.

Stoppen aus dem Rücken des Hundes heraus:
Diese Variante ist etwas komplizierter und sollte erst trainiert werden, wenn der Hund das „Stopp“-Kommando aus der Frontalansicht heraus bereits kennt UND körperlich ausgewachsen ist. Bei dieser Variante wird die Schleppleine an einem gut sitzenden Brustgeschirr befestigt. Je nachdem wie groß oder schwer der Hund ist, wird die Schleppleine nun vom Menschen in der Hand gehalten (leichtere Hunde), oder an einem sehr stabilen Haken / Pfosten befestigt. Der Hund sitzt neben dem Menschen, und dieser hat ein Spielzeug in der Hand. Das Spielzeug wird in geringer Entfernung (bei zehn Meter Schleppleine ca. sieben bis acht Meter) auf den Boden gelegt. Der Hund wartet währenddessen im Sitz. Nun wird der Hund nach einem Blickkontakt zum Menschen „frei“ gegeben das Spielzeug zu holen. Jetzt ist eine schnelle Reaktion gefragt! Noch bevor die Leine sich spannt, muss das Kommando „Stopp“ erfolgen. Im Idealfall, wenn der Hund das Kommando aus der ersten Übung bereits kennt, wird er stehen bleiben und sich (verwirrt) umsehen. Nun muss SOFORT das Kommando „Sitz“ oder „Platz“ gegeben und ausgeführt werden. Der Hund erhält an Ort und Stelle seine Belohnung.

Wenn der Hund nicht sofort stopp, muss die Distanz verringert und die Übung „Stoppen beim Heran rufen“ weiter trainiert werden.

WICHTIG: Das Brustgeschirr muss perfekt passen, Schleppleine und Haken / Pfosten einwandfrei in Ordnung sein. Das Spielzeug darf nur in etwas geringerer Entfernung, als die Schleppleine lang ist, ausgelegt werden, um ein ruckartiges Ausbremsen des Hundes zu vermeiden. Die Schleppleine, bei dieser Übung in der Hand zu halten, empfiehlt sich nur bei sehr leichten Hunden und gut trainierten Menschen. Achtung: Unfallgefahr!

Das **Handzeichen** für das „Stopp" wenn der Hund auf den Menschen zuläuft, ist eine Hand, die über dem Kopf schnell nach vorne geht und am höchsten Punkt stoppt.

Ein **Handzeichen** für das Stopp hinter dem Hund stehend oder gehend gerufen gibt es nicht.

1.14 Tabu

„Tabu“ beschreibt ein Kommando, welches dem Hund signalisiert, dass etwas „verboten“ ist. Dieses sind zum Beispiel Dinge die der Mensch auf dem Arm hat, egal ob Spielzeug, Wäsche oder ein Menschenbaby, Spielzeug, ein Dummy, den der Mensch dem Hund abgenommen hat, aber auch der eigene Körper, der nicht angesprungen werden soll.

Ziel: Auf das Wort- und Handzeichen für „Tabu“ lässt der Hund dem Menschen entweder Freiraum (wenn der Körper tabuisiert wird), oder berührt ein Objekt nicht (Spielzeug, Dummy, Kleidung,...).

Benötigte Hilfsmittel: Ein Spielzeug oder ein Futterdummy oder ein anderer Gegenstand, den der Hund gerne möchte.

Trainingsaufbau
Zunächst wird dem Hund das Spielzeug (bzw. das, was er gerne haben möchte) gezeigt. Ist das Interesse geweckt, wird dieses eng an den Menschenkörper genommen und ruhig gehalten. Versucht der Hund nun durch Springen an das Objekt der Begierde zu gelangen, fährt eine Hand rasch eng vor dem Körper hoch und runter und gleichzeitig fällt das Wort „Tabu“. Es kann passieren, dass der Hund dabei versehentlich an der Nase, seltener am Kopf berührt wird. Dies kommt vor, ist im Normalfall nicht schlimm, sollte aber auch nicht absichtlich herbeigeführt werden. Kommt der Hund bei dieser Übung versehentlich mit der Hand in Berührung, so bedeutet dies nur, dass er zu dicht am Menschen war. Einfach mit der Bewegung weiter machen, bis der Hund dem Menschen Freiraum lässt. Entfernt sich der Hund vom Objekt, zum Beispiel indem er sich

mit kleinem Abstand und neugierigem Interesse vor den Menschen setzt, heißt es loben und dem Hund verdeutlichen, dass genau dieses Verhalten gewünscht ist. Nach wenigen Wiederholungen sollte der Hund alleine auf das Wort „Tabu“ hin Abstand halten und dem Menschen damit einen Freiraum geben.

Das **Handzeichen** für das Kommando „Tabu“ ist eine Hand, die mit zum Körper gedrehter Handfläche flach aufgespannt schnell und dicht vor dem menschlichen Körper herauf und hinunter bewegt wird.

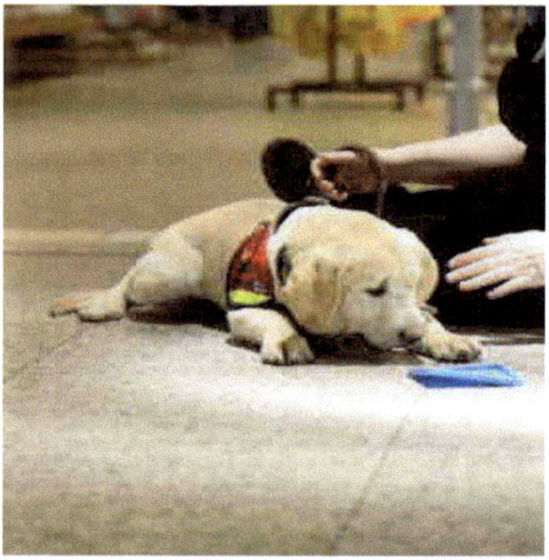

1.15 Voraus

Genau wie das Kommando „Zurück“ sollte ein Assistenzhund auch lernen „Voraus“, also auf Kommando vor seinem Menschen zu laufen. Hilfreich ist dies besonders bei den späteren Assistenzleistungen „Hilfe holen“, „Räume, (Haus- oder Straßenecken, uneinsichtige Stellen) checken“ und zu einem Menschen (zum Beispiel einem autistischen Kind) gehen.

Ziel: Auf das Wort- und / oder Handzeichen für „Voraus“ bewegt sich der Hund in gerader Linie in die angezeigte Richtung, bis er ein neues Kommando erhält.

Benötigte Hilfsmittel: Clicker, Leckerli und wenn der Hund dies kennt, eine kleine Decke, eine Teppichfliese oder einen Klebezettel.

Trainingsaufbau
Am einfachsten ist es dem Hund zunächst beizubringen, zu einer Decke, einer kleinen Teppichfliese oder einem Klebezettelchen zu laufen und dieses zu berühren (Siehe Kommando „Geh zu“ und „Pfotentouch“ in Kapitel 2). Wenn der Hund gelernt hat zu einem definierten bzw. markierten Punkt zu laufen, wird dieser in geringer Entfernung und in gerader Linie auf den Boden gelegt. Nun wird der Hund zu diesem Pfotentouch geschickt. Bewegt sich der Hund zielstrebig zum Pfotentouch, wird der Hund in unterschiedlichen Distanzen geklickt und belohnt. Eine Alternative ohne Decke, Fliese oder Klebezettelchen ist, mit der ausgestreckten Hand gerade aus zu zeigen und den Hund zu belohnen, wenn er auch nur einen

Schritt gerade aus in die gezeigte Richtung läuft. „Voraus" laufen kann auch gut über „freeshapen" trainiert werden.

Das **Handzeichen** für das Kommando „Voraus" ist der ausgestreckte Arm, der in die gewünschte Richtung weist.

1.16 Warte

Warte bedeutet, dass der Hund abwartet, bis er ein alternatives Kommando bekommt. Häufig wird „Warte" mit einem zweiten Kommando kombiniert: Sitzen und Warten, etwas halten und warten.... Die AHundV benennt "Warten" in Kombination mit Sitzen und Hinlegen als ein Bestandteil der Schulung des Grundkommandos und damit Ausbildungsinhalt für alle Assistenzhundeformen.

Ziel: Auf das Wort- und / oder Handzeichen „Warte" wartet der Hund ruhig und geduldig ab, bis er ein anderes Kommando, z.B: „Nimm es", bekommt.

Benötigte Hilfsmittel: Clicker, Belohnung, je nach Aufgabe auch Futterschüssel, Apportel,...

Trainingsaufbau
Warten ist für viele Hunde eine sehr schwierige Aufgabe. Besonders Welpen fällt es oft schwer sich kurz zurück zu nehmen und zum Beispiel zu warten, bis der Mensch zuerst durch eine offene Türe gegangen ist, oder diese frei gegeben hat. Ausnahme: Hunde, die Räume checken sollen, oder Ausgänge blockieren. Mit dem Warten wird direkt beim Einzug des Hundes angefangen. So wird zum Beispiel an JEDER Türe

IMMER angehalten und gewartet bis der Hund ruhig sitzt oder steht. Erst auf ein Kommando hin darf der Hund durch die Türe gehen. Entscheidend ist dabei immer und an jeder Türe kurz zu warten, bis der Hund ruhig ist. Dies gilt je nach späteren Assistenzleistungen von Anfang an auch an Straßenkanten / Bordsteinkanten, Ampeln, Übergängen, Treppen,.....

Bleibt der Hund von alleine an einer Türe, Bordsteinkante, Ampel... stehen, kommt das Kommando „Warte“ hinzu. Bei allen Kommandos, bei denen der Hund eine Position länger einnehmen soll, wird langsam und Sekundenweise die Zeit im Kommando bzw. in der gewünschten Position verlängert. Aus „Apportel aufnehmen“ wird so im Laufe des Trainings „Aufnehmen und Halten“, bis der Mensch etwas anderes sagt.

Das **Handzeichen** für „Warte“ ist die offene Hand, die mit der Handfläche nach vorne vor den Körper gehalten wird.

1.17 Rückruf

Der sichere Rückruf ist die Voraussetzung für den ungesicherten Freilauf. Nur ein (Assistenz-) Hund, der in jeder Situation abrufbar (= zurück rufbar) ist, kann in seiner Freizeit diese Freiheit genießen und darf sich dann auch etwas weiter von seinem Menschen entfernen,... jedoch immer nur so weit wie der Rückruf sicher funktioniert. Auch der Rückruf gehört laut AHundV zu den Ausbildungsinhalten des Gehorsams.

Ziel: Auf das Wort- und / oder Handzeichen für „Zurück" kommt der Hund in jeder Situation immer sofort zurück zu seinem Menschen. Hierbei gibt es zwei unterschiedliche Formen des Rückrufes:
1. Der einfache Rückruf, bei dem der Hund heran kommt, ohne am Ende bei seinem Menschen eine vorher definierte Position einzunehmen.
2. Der korrekte Rückruf, bei dem der Hund nach dem heran Kommen eine vorher definierte Position einnimmt (zum Beispiel Sitz an der linken Seite des Menschen).

Benötigte Hilfsmittel: Ein gut sitzendes Geschirr, eine Schleppleine (fünf bis zehn Meter Leine), Belohnung, evtl. Clicker.

Trainingsaufbau
einfacher Rückruf (Komm)
Beim einfachen Rückruf reicht es, wenn der Hund sein Tun unterbricht und zurück zum Menschen läuft. Dabei ist es egal, ob der Hund beim Menschen sitzt, steht, oder Kopfstand macht. Es ist auch egal ob der Hund an die linke oder rechte Seite des Menschen kommt, oder sich vor diesen setzt. Das häufigste

Kommando für den einfachen Rückruf ist „Komm". In der Praxis zeigt sich, dass „Komm" ein ungeeignetes Wort ist. Es fällt in den unterschiedlichsten Zusammenhängen oft am Tag und kann für den Hund sehr verwirrend sein. Besser ist ein englisches „in" oder ein französisches „ici" oder das im englischen häufig gebrauchte „come on". Wichtig ist IMMER das selbe Wort zu verwenden und es von Anfang an ausschließlich positiv zu besetzen: Am Ende vom einfachen Rückruf erfolgt in den ersten Monaten IMMER eine Belohnung. Wer mit der Hundepfeife trainiert kann zum Beispiel einen kurzen Doppelpfiff verwenden.

Trainiert wird der einfache Rückruf bereits vom ersten Tag an, egal ob ein Welpe ins Haus kommt oder ein erwachsener Hund. Hierzu wird der Hund immer wieder EINMAL mit seinem Namen angesprochen und sofort im Anschluss mit dem „einfachen Rückruf Kommando" (zum Beispiel „come on") gerufen. Ist der Hund beim Menschen wird er sofort belohnt.

Am Anfang sollte der Hund hierfür bereits auf dem Weg zum Menschen sein, oder sich gerade auf den Menschen konzentrieren. Die ersten Wochen kann der Hund mit dem Wort noch nicht viel anfangen. Er muss erst lernen, was diese „Lautfolge" bedeutet. Schnell wird der Hund verstehen, dass eine tolle Belohnung beim Menschen wartet, wenn er auf den einfachen Rückruf schnell zum Menschen läuft.

Schon zu Beginn wecken ein paar Leckerli in der Tasche oder dem Futterdummy die Aufmerksamkeit des Hundes und während er auf den Menschen zuläuft, ertönt das Kommando für den einfachen Rückruf. Ist der Hund beim Menschen geht dieser langsam ein paar Schritte zurück und gibt dem Hund dabei ein paar kleine Leckerli. Der Hund folgt dabei dem rückwärts gehenden Menschen und wird dafür belohnt.

Klappt dies in einer Umgebung mit wenig Ablenkung sehr gut, steigt die Ablenkung und die Entfernung zwischen Hund und Mensch. Bei einem jugendlichen oder erwachsenen Hund kann eine Schleppleine zur Unterstützung notwendig sein. Die Schleppleine verhindert, dass der Hund sich außerhalb des Einwirkungsbereiches des Menschen bewegt und den Rückruf ignoriert. Gleichzeitig bekommt der Hund mit einer Schleppleine einen kleinen Radius „Freilauf".

Der Umgang mit einer Schleppleine muss geübt werden und wird am besten durch einen erfahrenen Trainer in einem persönlichen Training gezeigt. Eine Schleppleine kann ein tolles Hilfsmittel sein, birgt aber bei falscher Handhabung Gefahren für den Menschen, den Hund und auch die Umgebung.

Korrekter Rückruf

Beim korrekten Rückruf gibt es am Ende eine genau definierte und trainierte Position für den Hund. Meist ist dies ein „Vor-Sitz", bei dem der Hund auf Armlänge vor dem Menschen sitzt. Manche Hundehalter bevorzugen ein Sitz oder Steh an der Seite des Menschen. Alle Endpositionen haben Vor- und Nachteile. Sitzt der Hund vor dem Menschen muss sich dieser nach vorne über den Hund beugen um ihn anzuleinen. Dies wird von manchen Hunden als Bedrohung angesehen und sie weichen zurück. Bewegungseingeschränkte Menschen können sich häufig nicht gefahrlos nach vorne beugen um den Hund anzuleinen.

Manche Menschen rufen ihren Hund erst ins „vor-Sitz“ um ihn dann an ihre Seite zu rufen. Dies ist möglich, bedeutet aber zwei Kommandos, die eigentlich auch in einem gegeben werden können. Sitzt oder steht der Hund am Ende neben dem Menschen, muss er gelernt haben, dem Menschen weder in den Weg zu laufen, noch ihn anzurempeln.

Der Aufbau beider Positionen ist gleich: Im ersten Schritt wird der Hund mit einer Belohnung (Leckerli oder Spielzeug) in die später gewünschte Position gebracht. Click – Wort (zum Beispiel „Hier“) - click und der Hund bekommt seine Belohnung. Im zweiten Schritt soll der Hund sich selber in die gewünschte Position bringen, wenn das Rückrufwort genannt wird. Dabei bekommt er aber noch sehr viel Unterstützung und die Ablenkung ist gering.

Im dritten Schritt muss der Hund sich zunächst zum Menschen orientieren, dann aus kurzer Distanz angerannt kommen und die gewünschte Position einnehmen. Auch hierbei bekommt er noch Unterstützung, wenn er beim Menschen angekommen ist, und die Ablenkung ist gering.

Im weiteren Schritt wird sowohl die Ablenkung wie auch die Distanz gesteigert.

Im letzten Schritt bewegt sich der Hund frei und kommt auf das Rückrufkommando zügig und freudig zum Menschen und nimmt die trainierte Position ein. Klappt auch dies in jeder Situation aus jeder Distanz und in den unterschiedlichsten Umgebungen, kann der korrekte Rückruf auch in schwierigen Situationen eingesetzt werden.

Das **Handzeichen** für den korrekten Rückruf ist ein Arm, dessen Hand auf der Seite, auf die der Hund kommen soll, senkrecht ausgestreckt in die Luft weist.

1.18 Zurückweichen

„Zurück“ ist ein wichtiges Kommando, wenn der Hund im Weg steht und der Platz nicht ausreicht, um an ihm vorbei zu gehen. Auch am Rollstuhl oder einem Rollator ist das Kommando hilfreich um den Hund weichen zu lassen. Vielen Hunden fällt es zunächst schwer überhaupt rückwärts zu gehen und das möglichst gerade. Hier hilft nur viel üben und viel Geduld.

Ziel: Der Hund weicht auf das Kommando „Zurück“ hin rückwärts gehend aus. Dabei läuft er möglichst gerade, um gesundheitlichen Problemen vor zu beugen.

Benötigte Hilfsmittel: Clicker, Leckerli, evtl. Targetstick, wenn vorhanden stabile Kindergitter, ein stabiler Holzzaun oder eine Mauer.

Trainingsaufbau

Viele Hunde haben zu Beginn des Trainings keine Idee was sie im Rückwärtsgang mit ihren Hinterbeinen anfangen sollen. Daher ist es ganz wichtig diese Übung sehr langsam und schrittweise aufzubauen. Idealerweise ist der Hund schon ausgewachsen und natürlich gesund. Auch Junghunde können lernen einzelne Schritte rückwärts zu gehen, allerdings wirklich nur einzelne Schritte um gesundheitlichen Problemen vorzubeugen. Wenn vorhanden, kann aus stabilen Kindergittern eine schmale Gasse gebaut werden, die so breit ist, dass der Hund bequem mit seinem Menschen gemeinsam hindurch kommt, aber so schmal, dass der Hund sich nicht drehen kann.

Der Mensch führt seinen Hund nun HINTER sich in die Gasse, bleibt vor Erreichen des offenen Endes stehen. Der Hund steht dabei hinter seinem Menschen. Nun dreht dieser sich um und geht langsam und OHNE DRUCK auszuüben, auf seinen Hund zu. Idealerweise weicht der Hund direkt einen Schritt zurück. Dieser erste Schritt wird sofort belohnt!

Hat sich der Hund hingesetzt oder hingelegt, wird er erst wieder ins Stehen gebracht. Ein sitzender oder liegender Hund kann nicht zurück weichen. Springt der Hund am Menschen hoch oder versucht sich zu drehen, war der Druck, den der Menschen ausgeübt hat, zu hoch. In diesem Fall muss der Druck unbedingt sofort verringert werden. Wichtig ist auch, dem Hund nicht direkt in die Augen zu schauen (kann als Bedrohung verstanden werden), sondern „weich" über den Hund hinweg auf den Punkt, an den der Hund zurück weichen soll. Später wird eine Seite der Gasse geöffnet und der Hund nur noch an einer Seite begrenzt. Fortgeschrittene dirigieren ihren Hund komplett ohne seitliche Begrenzung in jeder Situation rückwärts.

Da der Mensch, während er auf seinen Hund zugeht, recht bedrohlich wirken kann, ist bei dieser Übung sehr viel Fingerspitzengefühl und eine gute Kenntnis des eigenen Hundes notwendig. Im Zweifelsfall sollte diese Übung von einem erfahrenen Ausbilder gezeigt und begleitet werden.

Das **Handzeichen** für „Zurück" ist die aufgespannte Hand, die auf Hüfthöhe des Menschen den Hund zurück schickt.

Kapitel 2: Grundlegende Kommandos für die speziellen Assistenzleistungen

Im ersten Kapitel hat sich dieses Buch mit den Grundkommandos beschäftigt, die bei den meisten Assistenzhundeprüfungen Standard sind. In diesem Kapitel geht es nun um grundlegende Kommandos, die nicht zum Grundgehorsam zählen, aber für sich genommen auch keine Assistenzleistungen darstellen. Vielmehr sind die Kommandos in diesem Kapitel die Basis, aus denen sich spezielle Assistenzleistungen zusammen setzen.

Lautet die Assistenzleistung zum Beispiel „Das Telefon bringen wenn es klingelt", muss der Hund dafür erst einige Grundlagen beherrschen: Er muss Dinge apportieren (nicht nur den Futterdummy oder Dummy), er muss auf Kommando zu einem benannten Objekt, dem Telefon laufen. Er muss reagieren wenn das Telefon klingelt, entweder von sich aus oder auf Kommando und das Telefon dann zu seinem Menschen bringen und festhalten, bis der Mensch das Telefon nimmt.

Auf diese Art und Weise lassen sich fast alle Assistenzleistungen in einzelne Bestandteile zerlegen. Letztlich sind Assistenzleistungen zusammen gesetzte Kommandos, die dem Menschen das Leben erleichtern oder sogar retten.

Im Laufe der Zeit haben sich einige Kommandos heraus kristallisiert, die in den unterschiedlichsten Assistenzleistungen immer wieder vorkommen. Hierzu gehören die Kommandos „Apport", „Touch" (mit Nase und / oder Pfote), „Geh zu", „Ziehen", „Stehen an einer vorgegebenen Position" und „Halten".

Hinzu kommen drei Trainingsmethoden, die an sich keine Kommandos darstellen, aber die Zusammenarbeit zwischen Mensch und Hund deutlich erleichtern: Clickern, Targettraining und „Freeshapen". Diese drei Trainingsmethoden werde ich daher als erstes beschreiben.

2.1 Clicker

Der Clicker ist ein Hilfsmittel, mit dem der Hund punktgenau in seinem Verhalten bestärkt werden kann. Die meisten Clicker bestehen aus einem kleinen Kästchen, welches durch ein Metallasche im Inneren ein „Click" Geräusch von sich gibt. Der Hund lernt, dass jeder „Click" das Versprechen auf eine Belohnung, meist in Form von Leckerli, seltener ein Spiel bedeutet. Der Umgang mit dem Clicker erfordert ein wenig Übung und auch der Hund muss zunächst auf den Clicker konditioniert werden.

Am besten lässt man sich den Umgang mit dem Clicker von einem erfahrenen Ausbilder zeigen und trainiert zunächst ohne Hund, zum Beispiel mit einem menschlichen Partner. Erst wenn der Umgang mit dem Clicker und das Timing passen, sollte DER HUND „angeclickert" werden. Mit einem schlechten Timing lernt der Hund sehr schnell Fehlverknüpfungen und unerwünschtes Verhalten.

Benötigte Hilfsmittel: Clicker, Futterbelohnung
Ziel: Konditionierung auf den Clicker. Dies bedeutet, dass der Hund die Verknüpfung zwischen dem Geräusch „click" und der folgenden Belohnung herstellt.

Trainingsaufbau

Wenn der Mensch das Prinzip des Clickern verstanden und verinnerlicht hat, wird der Hund auf den Clicker konditioniert. Hierbei wird in einem ersten Schritt SOFORT und ZEITGLEICH mit dem Klickgeräusch ein Leckerli angeboten. Ist der Hund wenig verfressen muss der Hundehalter heraus finden, womit er seinen Hund belohnen kann.

Nach einigen Wiederholungen erfolgt die Leckerligabe erst zwei bis drei Sekunden NACH dem Click. Idealerweise schaut der Hund beim Ertönen des „Click“ erwartungsvoll zum Hundehalter oder zumindest auf die Hand, aus der bisher das Futter kam.

Im dritten Schritt erfolgt die Leckerligabe erst NACHDEM der Hund NACH DEM CLICK erwartungsvoll zum Menschen schaut.

Wichtig ist, dass der Hund seine Position, die er beim „Click“ hatte, nicht verlässt um zum Beispiel näher an die Hand zu gelangen. Die Belohnung erfolgt auch beim Clickern immer an dem Punkt, an dem die Übung / Aufgabe erfolgreich ausgeführt wurde. Verlässt der Hund seine Position, wird er ohne etwas zu sagen wieder in die korrekte Position gebracht und erst dann belohnt.Im vierten Schritt wird der Hund mit dem Click für eine Aufgabe, oder auch einen Teilschritt einer Aufgabe, gelobt und dann in der Situation belohnt.

2.2 Targettraining

Ein Target, gesprochen „Tärget“ ist ein Hilfsmittel, das dem Hund eine deutliche Hilfestellung gibt, wo er einen Gegenstand oder eine Person berühren soll. Das Wort „Target“ kommt aus dem Englischen und bedeutet übersetzt „Ziel“. Theoretisch kann auch die ganze Hand oder ein einzelner Finger ein Target sein.

Ein Targetstick ist ein kleines Kästchen, oft mit einem Clicker kombiniert. In diesem Kästchen befindet sich ein ausziehbarer Stock von meist 60 cm Länge, an dessen Spitze eine farbige kleine Kugel angebracht ist. Im Training hat der Mensch beim kombinierten Targetclicker nur ein Gerät in der Hand, was die Koordination vereinfacht.

Der Target wird mit der Spitze (der kleinen Kugel) dorthin gehalten, wo der Hund etwas mit seiner Nase berühren soll. Hat der Hund das Prinzip Target verstanden, kann er so auch aus einer kleinen Distanz oder an einem für den Menschen schwer erreichbaren Punkt trainiert werden

Ziel: Der Hund berührt die (farbige) Spitze des Target mit seiner Nase und lernt so Gegenstände, Objekte oder Menschen gezielt mit der Nase zu berühren.

Benötigte Hilfsmittel: Clicker oder Targetclicker, Futterbelohnung,

Benötigte Grundübungen: Clickern

Trainingsaufbau

Wenn der Hund den Clicker noch nicht kennt, wird er zunächst „angeclickert". Hat der Hund das Prinzip des Clickern sicher verstanden, kann mit dem Target weiter trainiert werden. Zunächst wird jedes Interesse des Hundes am Targetstick bestätigt (geclickert). Nach wenigen Wiederholungen wird nur noch das Interesse an der (farbigen) Targetspitze bestärkt. Auch hierbei wird nach wenigen Wiederholungen nur noch das Berühren der (farbigen) Targetspitze bestärkt. Berührt der Hund das Kästchen in der Hand, den Target in der Mitte, oder benutzt er seine Zähne oder Pfoten, erfolgt keine Bestärkung = kein Click. Der Targetstick liegt dabei locker in der Hand des Menschen und in einer für den Hund gut erreichbaren Situation. Wichtig ist, dass die Hundenase zum Target geht und nicht der Target zur Hundenase!

Hat der Hund verstanden, dass er eine Belohnung bekommt, sobald seine Nase die (farbige) Targetspitze berührt, kann die Position des Target behutsam verändert werden. In der weiteren Konditionierung wird das Target in für den Hund immer schwierigeren Positionen geführt: Sehr knapp über dem Boden, erhöht in der Luft, dass der Hund sich irgendwo sicher abstützen muss um die (farbige) Targetspitze zu erreichen, unter dem Menschenbein,.... Sobald der Hund den Target immer und an den unterschiedlichsten Positionen berührt, kann der Target im Training eingesetzt werden. Der Mensch muss natürlich fair bleiben und dem Hund eine realistische Chance geben, die (farbige) Targetspitze ungefährlich zu erreichen.

2.3 Freeshapen

Das Wort „Free shapen“ kommt wie so viele Begriffe in der Hundeausbildung aus dem Englischen und bedeutet „freies Gestalten“. Beim Free shapen wird der Hund in vielen kleinen Schritten an eine größere oder komplexere Aufgabe heran geführt. Dabei bietet der Hund von sich aus Vorschläge an, wie eine Aufgabe gelöst werden könnte. Voraussetzung hierfür ist das erfolgreiche Clickern, um den Hund punktgenau belohnen zu können.

Viele Hunde müssen das Prinzip „Free shapen“ erst lernen. Gerade ältere Hunde, die bisher über Kommandos geführt wurden, müssen das „Selber Denken“ richtiggehend neu lernen.

Ziel: Beim „Free shapen“ erarbeitet sich der Hund eine Übung selber und lernt eigenständiges Handeln. Dies ist besonders bei Assistenzhunden, die im Notfall ohne Anweisung des Menschen agieren müssen, wichtig (Stichworte: An den Rand bringen, Notrufknopf drücken, Panik unterbrechen).

Benötigte Hilfsmittel: Clicker, Futterbelohnung, evtl. kleiner Karton, Papier, Gegenstand, auf den der Hund konditioniert werden soll.

benötigte Grundübungen: Clickern

Trainingsaufbau

Kennt der Hund selbständiges Arbeiten noch nicht, wird zum Beispiel ein kleiner Karton mit zerknülltem Papier und Leckerchen gefüllt. Der Hund wird motiviert sich mit dem Karton zu beschäftigen, und jede seiner (manchmal auch nur kleinen) Interaktion mit dem Karton wird mit einem Click und Leckerli belohnt. Im Laufe des Trainings werden die Schritte größer und die Erwartungen höher.

Kennt der Hund das selbständige Arbeiten, kann direkt mit dem free shapen begonnen werden. Eine gewünschte Aufgabe, hier zum Beispiel das Berühren eines farbigen Klebezettels mit Nase oder Pfote (Touch), wird in die kleinstmöglichen Einheiten zerlegt. Jede einzelne Einheit, beziehungsweise in die richtige Richtung führende Aktion, des Hundes wird belohnt. So wird zum Beispiel bei der Übung „Touch“ zuerst entschieden, ob der Hund später mit der Nase oder der Pfote „touchieren“ soll. Beides hat Vor- und Nachteile, beides kann in einer Situation wichtig sein, und es gibt auch unter den Hunden welche, die lieber mit der Nase oder mit der Pfote „touchieren“.

Im ersten Schritt wird ein Zettel in einer auffälligen Farbe auf die Hand oder das Bein des Menschen geklebt. Berührt der Hund diesen Zettel mit der Pfote oder der Nase, (je nachdem was gewünscht ist!) erfolgt der Click und die Belohnung.

Im zweiten Schritt soll der Hund den Zettel ein paar Sekunden lang berühren oder auch mehrfach hintereinander. Dies ist von der gewünschten Übung abhängig. Nun wird erst nach einer längeren Berührung oder bei zwei,- drei- oder auch vierfacher Berührung geclickt und belohnt.

Im dritten Schritt wird der aufmerksame Hund durch Blicke des Menschen oder Fingerzeig dazu ermuntert, einen farbigen Zettel zu berühren, der in kurzer Entfernung liegt. Berührt der Hund den Zettel, erfolgt das Wort „Touch“, gleichzeitig der Click und die Belohnung.

Im letzten Schritt der grundlegenden Konditionierung auf das Kommando „Touch“ wird der aufmerksame Hund mit dem Kommando zum farbigen Zettel geschickt.

Nun ist es Zeit parallel mit dem Hund zu trainieren, zu unterschiedlichen Orten und / oder Objekten zu gehen. Dies wird beim Kommando „Geh zu... (Ort / Objekt)“ beschrieben. Wenn der Hund die Übungen „Touch“ und „Geh zu ... (Objekt)“ inklusive der Unterscheidung verschiedener Objekte verstanden hat, kann er lernen auf Kommando die unterschiedlichen Gegenstände zu berühren. Wenn der Hund zunächst zögert, wird die Übung „Touch“ in weitere, kleine Einheiten zerlegt: Der Blick zum Zettel, ein Schritt in Richtung Zettel, hin laufen, berühren,....

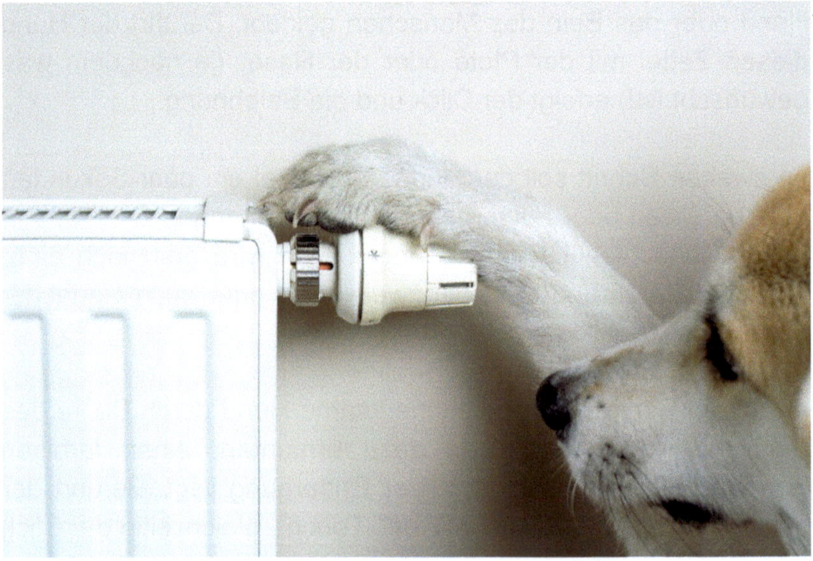

2.4 Apportieren

Beim Apportieren bringt der Hund auf Kommando einen benannten Gegenstand zu seinem Menschen. Das Kommando kann dabei aus einem Wort, einem Handzeichen oder auch einer erlernten Situation bestehen. Voraussetzung ist auch hierbei, dass der Hund ein Belohnungssystem (zum Beispiel Clickern) kennt und gerne macht. Wichtig ist auch, dass der Hund den zu apportierenden Gegenstand bis zum Menschen oder an einen definierten Punkt trägt und dort festhält, bis er ein anderes Kommando erhält. Ein Apport, bei dem der Hund den Gegenstand unterwegs fallen gelassen hat, ist kein Apport.

Nur wenn der Hund bereits in der Sozialisierung verschiedene Untergründe, zu tragende Objekt (auch Metall!) und Situationen kennen gelernt hat, kann er auf Kommando zuverlässig apportieren.

Ziel: Der Hund läuft zu einem benannten Gegenstand und bringt diesen vorsichtig im Maul bis zu seinem Menschen oder an einen vorher definierten Punkt. Der Gegenstand wird dabei nicht beschädigt oder unterwegs fallen gelassen.

Benötigte Hilfsmittel: Clicker, Futterbelohnung, Futterdummy oder den zu apportierenden Gegenstand.

Benötigte Grundübungen: Clicker

Trainingsaufbau

Je nach Hundetyp wird zunächst das Interesse am zu apportierenden Gegenstand gefördert (Free shapen), oder direkt das Tragen dieses Gegenstandes belohnt.

Viele Hunde apportieren sehr gerne einen Futterbeutel / Futterdummy. Hierbei ist es wichtig, dass der Futterdummy sowohl mit einem Klett- wie auch mit einem Reißverschluss verschlossen werden kann. Ein Klettverschluss ist für die meisten Hunde kein Hindernis, um an das begehrte Futter zu gelangen.

Der Sinn des Futterdummys ist es, dem Hund zu verdeutlichen, dass er nur an das begehrte Futter kommt, wenn er den Beutel zu seinem Menschen bringt und dieser den Dummy öffnet. Bitte beachten: Beute, insbesondere Fressbeute zu einem anderen zu bringen ist aus Hundesicht völlig unlogisch. Beute wird unter „Raubtieren“ (und dazu zählt der Hund) nicht geteilt. Es bedarf also eines großen Vertrauens des Hundes in den Menschen, um seine Beute freiwillig „abzugeben“.

Für viele Hunde ist es zu Beginn dieser Übung einfacher, mit einem gut sitzenden Geschirr und einer langen (fünf Meter oder zehn Meter) Leine gesichert zu sein. Im ersten Schritt wird der Futterdummy vor der Nase des Hundes gefüllt, und der Hund darf sich ein oder zwei Futterstückchen direkt aus dem Beutel nehmen. VORSICHT: Manche Hunde sind hierbei sehr eifrig und stürzen sich direkt auf den Inhalt. In diesem Fall muss vorher das Kommando „vorsichtiges nehmen von Fressbarem“ geübt werden. Nun wird der Futterdummy verschlossen und dem Hund hingehalten. Zeigt der Hund Interesse: „Click“ und eine kleine Belohnung direkt aus dem Futterdummy.

Im dritten Schritt wird der Futterdummy ein paar Schritte (maximal halbe Leinenlänge) entfernt abgelegt und der Hund dorthin geschickt. Die Leine liegt dabei in der Hand des Menschen! Erreicht der Hund den Futterdummy, heißt es abwarten, beobachten und den Augenblick erwischen, in dem der Hund den Futterdummy im Maul hat, aber noch nicht darauf herum kaut. In diesem Moment geht der Mensch zügig in die entgegen gesetzte Richtung und verkürzt dabei die Leine. Wichtig ist es, wirklich weiter zu gehen und den Hund dadurch zum Mitkommen zu bewegen. Solange der Hund den Futterdummy trägt, wird die Leine nach und nach verkürzt, bis der Hund neben dem Menschen ist.

Befindet der Hund sich mit dem Futterdummy im Maul neben dem Menschen, dreht dieser sich freundlich und ruhig zum Hund um, hält die Leine leicht gestrafft, um den Hund am Hinlegen zu hindern und hält seine Hand UNTER den Futterdummy OHNE diesen zu BERÜHREN.

Die leicht gestraffte Leine hindert den Hund am Hinlegen, die Hand UNTER dem Futterdummy bedeutet für den Hund keine Gefahr und kein „Beute streiten“. Irgendwann lässt der Hund den Futterdummy fallen. In genau diesem Moment erfolgt der Click und der Hund bekommt eine Belohnung aus dem Futterdummy.

Wenn dieser dritte Schritt gut klappt, bleibt der Mensch stehen. Der Hund sollte nun von sich aus mit dem ausgelegten Futterdummy zu dem Menschen laufen um seine Belohnung zu bekommen.

Im fünften Schritt wird der Zeitraum, in dem der Hund den Futterdummy hält, langsam verlängert. Idealerweise weiß der Hund aus dem Clickertraining, dass eine Übung erst beendet ist, wenn der Click ertönt.

Im sechsten Schritt wird die Leine nach und nach zuerst fallen gelassen und entfällt später komplett.

Nun sollte der Hund auf ein Kommando hin den Futterbeutel apportieren und halten, bis sein Mensch ihn zum Ablegen auffordert.

Klappt das Apportieren mit dem Futterdummy in unterschiedlichen Situationen ohne Leine zuverlässig, können weitere zu tragende Objekte in das Training eingebaut werden. Eventuell ist es, besonders bei metallenen oder sehr glatten Gegenständen notwendig, zunächst ein griffiges Stück Stoff um den Gegenstand zu wickeln. Dieser erleichtert vielen Hunden ein glattes oder sehr kaltes Stück ins Maul zu nehmen. Im Laufe des Trainings wird dieses Stoffstückchen immer kleiner, bis der Hund schließlich auch metallene oder sehr glatte Gegenstände apportiert.

Manche Hunde, besonders die zur Gruppe der Retriever gehörenden, apportieren von klein auf alle möglichen und unmöglichen Gegenstände. Dieses Verhalten kann natürlich sofort im Training aufgegriffen werden: Mit entsprechender Bestärkung und Lob werden diese Hunde auch später wenig Probleme mit Schlüsseln, Metallschüsseln oder Münzen haben. Doch Vorsicht: Mancher Hund entwickelt eine regelrechte Obsession und apportiert auch ohne Kommando um eine Belohnung zu erhalten. Eine Obsession (=Besessenheit) belohnt sich vielfach selber, so dass die Unterbrechung dieses unerwünschten Verhaltens schwierig werden kann und in die Hände eines erfahrenen Hundeausbilders gehört.

Besonders bei Welpen und am Anfang des Trainings muss der Mensch darauf achten, dass die zu apportierenden Gegenstände wirklich ungefährlich sind und der Hund sie, auch nicht versehentlich, herunter schlucken kann.

2.5 Geh zu… Mensch, Objekt oder Ort

Kennt der Hund das Kommando „Geh zu..." und hat zusätzlich gelernt Personen, Ort oder Objekte zu unterscheiden, sind viele Assistenzleistungen möglich.

Ziel: Auf das Kommando „Geh zu..." bewegt sich der Hund zu dem benannten Objekt bzw. Ort oder der benannten Person, im Notfall auch über Hindernisse hinweg, oder gegen den Widerstand seines Assistenznehmers, der gerade nicht selber führen kann.

Benötigte Hilfsmittel: Clicker, Leckerli und Hilfsperson, das Objekt oder den Ort, zu dem der Hund gehen soll.

Benötigte Grundübungen: Clicker, Free shapen, Unterscheidung von Objekten und Menschen, Nasentouch.

Trainingsaufbau

Geh zu … anderer (Hilfs-) Person

Soll der Hund auf Kommando zu einer anderen Person gehen, um zum Beispiel menschliche Hilfe zu holen, lernt der Hund zunächst den Namen der anderen Person (Übung: „Namen lernen"). Hat der Hund den Namen der anderen Person verinnerlicht, stellen sich beide Menschen, der Assistenznehmer und die andere Person, im Abstand von zirka zehn Metern auf. Beide Menschen haben Leckerli in der Hand, einer der beiden Menschen zusätzlich den Clicker (sofern damit trainiert wird).

Der Hund ist zu Beginn beim Assistenznehmer. Nun lockt (nicht ruft!) die zweite Person den Hund und zeitgleich sagt der Assistenznehmer „geh zu… (Name der Hilfsperson)". Kommt der Hund bei der zweiten Personen, erhält der Hund zunächst ein Click und dann aus der Hand der zweiten Person eine Belohnung (Kommando „Fressbares von Fremden annehmen" nicht vergessen!).

Der Assistenznehmer ruft nun den Hund wieder zu sich. Diese Übung wird mehrmals wiederholt, wobei darauf geachtet werden muss, dass der Hund wirklich erst auf das Locken und die Freigabe durch den Assistenznehmer zur zweiten Person läuft.

Gut kombinieren lässt sich bei diesem ersten Schritt das Kommando „Geh zu..." mit einem „Sitz auf Entfernung" oder einem „Warte".

Wenn der Hund sich auf das Lockgeräusch hin zur zweiten (Hilfs-) Person bewegt, kann der Assistenznehmer, schon wenn der Hund los läuft, das Kommando „Geh zu..." geben.

Im weiteren Training wird die Distanz zwischen den Menschen vergrößert und auch Schwierigkeiten, wie unterschiedliche Räume, Treppen oder Türen, die aufgestoßen werden müssen, eingebaut.

Am Ende soll der Hund allein auf das Kommando „Geh zu... (Name der Hilfsperson)" los laufen, evtl. Hindernisse überwinden und zuverlässig und ohne Umwege bei der benannten Person ankommen.

Je nachdem was gewünscht ist, können aus dem Kommando „Geh zu...(Hilfsperson)" weitere Assistenzleistungen abgeleitet werden: Die Hilfsperson kann über ein vereinbartes Zeichen

(Bringsel) zum Mitkommen bewegt werden, oder alleine aufgrund des Auftauchens des Hundes etwas tun.

Wichtig ist: Viele Jahre wurden Assistenzhunde dazu ausgebildet, im Notfall auch zu fremden Personen zu laufen und diese zum Mitkommen zu bewegen. Dies hat sich in der Praxis als nicht praktikabel erwiesen. Viele Menschen haben Angst, wenn ein unbekannter Hund auf sie zu gerannt kommt und sie möglicherweise (auffordernd) anbellt.

Zusätzlich ist die Unfallgefahr nicht zu unterschätzen. Wenn der Hund im Notfall sein Kommando zuverlässig ausführen will, wird er nicht auf Straßenverkehr oder andere Gefahren achten, sondern seinen Auftrag (Hilfe holen) schnellstmöglich ausführen.

Das **Handzeichen** für „Geh zu... (Hilfs-) Person“ ist eine wegschickende Handbewegung. Wer mag, kann zusätzlich für die Hilfsperson ein besonderes Handzeichen einfügen.

Geh zu… (Ort)

Im Gegensatz zu einer Hilfsperson, die zunächst einmal je nach Aufgabenstellung / Assistenzleistung selbständig agieren wird, soll ein „Geh zu… (Ort) den Hund zu einem benannten Ort dirigieren. Meist sind dies Sitzgelegenheiten, Ausgänge, eine Gebäudemauer oder auch die Haustüre.

Der Hund muss hier im Notfall auch gegen den Widerstand seines Menschen agieren und diesen an den benannten Ort führen. Häufig kommt dies vor, wenn der Assistenznehmer während einer ihn ängstigenden Situation nicht in der Lage ist einen „sicheren Platz“ zu erkennen und anzusteuern.

Ziel: Beim Kommando „Geh zu… (Ort)“ lernt der Hund zunächst aus wenigen Zentimetern Entfernung den benannten Ort kennen. Der Einfachheit halber wird hier das Beispiel „Geh zu Bank (=Sitzgelegenheit)“ beschrieben.

Benötigte Hilfsmittel: Clicker, Leckerli, verschiedene Sitzgelegenheiten

Benötigte Grundkommandos: Clickern, Free shapen

Trainingsaufbau

Im ersten Schritt lernt der Hund, dass eine Sitzgelegenheit „Bank“ genannt wird. Hierbei ist es zunächst zweitrangig, ob die Bank eine richtige Sitzbank, eine niedrige Mauer, ein Stuhl oder ein großer, flacher Stein ist. Der Hund wird an eine dieser Sitzgelegenheiten geführt und animiert, diese mit der Nase oder den Vorderpfoten zu berühren. Berührt der Hund die Bank, ertönt der Clicker und es gibt eine Belohnung.

Manche Hunde erkennen eine Bank erst, wenn darauf ein Leckerli liegt. In diesem Fall wird eine Bank mit Leckerli bestückt, der Hund dorthin geführt und darf die Leckerli fressen. Jedes Leckerli wird dabei mit dem Kommando „Bank“ verknüpft und einzeln geclickert.

Diese Übung wird mit unterschiedlichen „Bänken“ geübt. Dabei wird zunächst immer aus kurzer Entfernung trainiert, eine Bank zu erkennen und zu berühren. Hat der Hund unterschiedliche „Bänke“ kennen gelernt, wird die Distanz zwischen dem Menschen und der Bank langsam gesteigert. Im dritten Schritt muss der Hund eine Sitzgelegenheit selbständig erspähen und dort hin laufen. Bewährt hat sich auf jedem Spaziergang eine kurze Trainingseinheit (mit Kenndecke) einzubauen, in der verschiedene Kommandos geübt werden.

Das Kommando „Bank“ kann sehr gut in einem Park mit vielen Bänken, niedrigen Mauern oder großen, flachen Steinen geübt werden. Der Hund wird dann während der Trainingseinheit motiviert selbständig JEDE Bank anzuzeigen.

Nach der kurzen Trainingseinheit und nach dem Kommando „Lauf Freizeit“ werden Anzeigen des Hundes ignoriert, außer der Mensch befindet sich in einer Notsituation!

Ein **Handzeichen** für „Geh zu... (Ort) gibt es meist nicht. Natürlich kann der Assistenznehmer sich ein individuelles Handzeichen überlegen und dieses trainieren.

2.6 Hepp

Beim Hepp springt der Hund mit den Vorderbeinen irgendwo hoch, während die Hinterbeine auf dem Boden bleiben. „Hepp“ kann zum Beispiel helfen, den Hund vom Rollstuhl aus anzuleinen, oder einen Lichtschalter zu betätigen. Das Kommando „Hepp“ sollte erst mit dem ausgewachsenen Hund trainiert werden. Mit jüngeren Hunden im Wachstum kann als Vorbereitung trainiert werden, die Vorderbeine auf eine niedrige Erhöhung (eine Stufe zum Beispiel) zu stellen.

Ziel: Auf das Kommando „Hepp“ hin stellt der Hund seine Vorderbeine auf die gezeigte Stelle und bleibt dabei mit den Hinterbeinen auf dem Boden stehen. Der Hund zappelt beim Kommando nicht herum, sondern steht weitgehend still.

Benötigte Hilfsmittel: Clicker, Leckerli, eventuell ein Podest, eine Stufe oder ein Stuhl.

Benötigte Grundübung: Clicker

Trainingsaufbau

Der aufmerksame Hund wird motiviert sich mit den Vorderbeinen auf einen leicht erhöhten Untergrund zu stellen. Im Laufe des Trainings wird der Hund motiviert, seine Vorderbeine immer höher zu setzen. Manchen Hunden hilft es, einem Leckerli in der Menschenhand zu folgen. Andere Hunde erarbeiten sich dieses Kommando gerne über Free shapen.

Die **Handbewegung** zum Kommando „Hepp“ sind die aneinander gelegten Zeige- und Mittelfinger einer Hand, die auf die Stelle klopfen, auf die der Hund seine Vorderbeine stellen soll.

2.7 Hopp

Hopp ist für den Assistenzhund das Kommando, irgendwo drauf bzw. ins Auto zu springen. Von sich aus wartet der Assistenzhund, bevor er ins Auto springt, bis er sein Kommando „Hopp“ bekommt, dies ist in den meisten Prüfungen Standard. Ebenso springt der Assistenzhund nicht von sich aus irgendwo drauf, außer es ist notwendig um eine gestellte Aufgabe zu erfüllen. Schon mit dem Welpen wird geübt, dass er nur auf „Hopp“ irgendwo drauf darf. Natürlich werden Höhe und Häufigkeit jederzeit dem Alter angepasst! Je jünger der Hund, desto seltener sollte er springen und desto flacher ist der Sprung.

Ziel: Auf das Wort- oder Handzeichen für „Hopp“ springt der Hund auf das gezeigte Objekt, zum Beispiel in ein Auto oder auf das Bett.

Benötigte Hilfsmittel: Clicker, Leckerli, verschiedene erhöhte Untergründe zum drauf springen.

Benötigte Grundübungen: Clickern, Free shapen.

Trainingsaufbau

Immer wenn der Mensch den Hund ins Auto hebt, sagt er „Hopp Auto“. Wenn der Hund etwas älter ist, kann er auch lernen auf ein niedriges Podest zu springen. Da die meisten Hunde sehr gerne auf einen erhöhten Platz springen, ist das Kommando „Hopp“ meist sehr einfach zu trainieren. Schwieriger ist es meist, den Hund daran zu hindern, überall unkontrolliert drauf zu springen (Bett, Sofa, Sessel, Stuhl...). Hier hilft nur Konsequenz im Alltag. Ein älterer Hund wird gegebenenfalls mit einem Leckerli animiert, irgendwo hinauf zu springen. Auch lässt sich das Kommando „Hopp“ gut durch Free shapen trainieren.

Das **Handzeichen** für das Kommando „Hopp“ ist die Hand, die dorthin klopft wo der Hund hin springen soll.

2.8 Namen lernen

Hunde können lernen Menschen mit unterschiedlichen Namen in Verbindung zu bringen.

Ziel: Der Hund lernt Personen durch ihren Namen zu unterscheiden. Im späteren Training lernt der Hund dadurch, gezielt zu der benannten Person zu gehen, weil der Assistenznehmer ihn entweder geschickt hat, oder weil dieser nicht ansprechbar ist und der Hund alleine nicht weiter kommt.

Benötigte Hilfsmittel: Eine Hilfsperson, im späteren Übungsverlauf auch zwei oder drei Hilfspersonen, Clicker, Leckerli.

Benötigte Grundübung: Clicker, free shapen.

Trainingsaufbau:

Obwohl der Hintergrund dieser Übung sehr ernst sein kann, ist das Training dieses Kommandos sehr unterhaltsam. Der Assistenznehmer sucht sich mindestens eine weitere Person (später im Training auch mehrere Personen), zum Beispiel Familienmitglieder oder Arbeitskollegen). Idealerweise ist mindestens eine dieser Personen auch im späteren Training die Hilfsperson. Der Assistenznehmer und die anderen Personen stellen sich gegenüber (wenn es zwei Menschen sind) oder in einem Kreis auf. Dabei darf der Abstand zu Beginn nicht zu groß gewählt werden, damit der Hund sich unterwegs nicht im Schnüffeln verliert. Jeder Mensch hat ein paar Leckerli parat, die der Hund aber (noch) nicht sehen kann. Der Hund ist in der Mitte des Kreises oder bei seinem Assistenznehmer.

Nun rufen die anderen Personen den Hund abwechselnd mit dem Wort „Komm“ plus ihrem Namen. Wichtig ist, das wirklich immer nur einer ruft, um den Hund nicht zu verwirren. So lernt der Hund die Person mit dem Kommando „Komm (plus Name)“ zu verbinden. Der Hund wird nun abwechselnd von einer zur anderen Person gerufen („Komm (plus der jeweilige Name)“) und wenn er bei der Person angekommen ist belohnt. Sobald der Hund sein Leckerli auf gekaut hat, darf der Nächste rufen, wie beim Ping Pong spielen.

Sollte der Hund einmal bei der verkehrten Person ankommen, reagiert diese einfach nicht. Nicht reagieren bedeutet „keinen Blickkontakt, kein Anfassen, kein Wort und im Idealfall auch nicht an den Hund zu denken“. Hat der Hund keinen Erfolg bei der falschen Person, wird er sich schnell einer anderen Person zuwenden und erhält bei der richtigen Person seine Belohnung.

Je besser der Hund die Namen unterscheiden kann, desto größer wird die Distanz zwischen den Personen. Später können auch verschiedene Räume, Treppen, Türen oder kleine Hindernisse in das Training eingebaut werden.

2.9 Ziehen

Die Ziehübung kann für sehr unterwürfige und unsichere Hunde eine echte Herausforderung werden. Was für uns Menschen die Hand ist, ist für den Hund das Maul. Greift ein höherrangiger Hund nach einer Beute, wird ein unsicherer oder unterwürfiger Hund sofort los lassen. In diesem Fall muss der Abstand zwischen Hundemaul und Hand des Menschen durch ein langes Seil, vielleicht einen Handschuh, ausreichend groß sein. Ziehen kann der Hund zum Beispiel einsetzen, um Schubladen und Türen zu öffnen, Kleidung auszuziehen, einen Notfallbeutel aus einem Regal zu ziehen, oder ähnliches. Bitte erst nach dem Zahnwechsel mit dem Hund "ziehen" üben. Milchzähnchen sitzen noch sehr locker im Kiefer und gehen beim ziehen leicht verloren.

Ziel: Auf das Wort- und / oder Handzeichen für das Kommando „Zieh“ nimmt der Hund das gezeigte oder benannte Objekt ins Maul und zieht bis er ein anderes Kommando erhält.

Benötigte Hilfsmittel: Clicker, Futterbelohnung, Spieltau, altes Handtuch oder etwas Vergleichbares, woran der Hund ziehen kann.

Benötigte Grundübungen: Clicker, freeshapen.

Trainingsaufbau

Der Hund wird mit einem Spielseil, einem Spieltau, einem alten Handtuch oder etwas Vergleichbarem zum Spielen motiviert. Zieht der Hund an der „Beute“, zieht der Mensch zunächst vorsichtig, später auch stärker ebenfalls an der Beute und gibt zeitgleich das Ziehkommando.

Im zweiten Schritt wird das Ziehseil dort befestigt, woran der Hund ziehen soll, Türklinke zum Beispiel, oder das Handtuch wird durch den Ärmel einer Jacke, ein Hosenbein, Socken, Handschuhe, Mütze ... ersetzt. Im dritten Schritt wird wieder generalisiert und der Hund lernt auf das Ziehkommando hin am gezeigten oder benannten Gegenstand zu ziehen.

Das **Handzeichen** für „Zieh" ist die geschlossene Faust, die von oben nach unten geführt wird.

2.10. Nasen-touch

Beim Nasentouch berührt der Hund mit seiner Nase einen benannten Gegenstand, einen definierten Punkt, oder z.B. einen Finger, oder das Bein des Menschen. Sinn ist es, dass der Hund einen Lichtschalter, einen Aufzugknopf, oder auch den Notruf bedienen kann, wenn der Mensch ihn hierzu auffordert. Vielen Hunden macht das Kommando „Touch“ viel Spaß und sie fangen von sich aus an, Dinge auch ohne Kommando mit der Nase zu berühren. Wichtig ist daher, dass das Kommando „Touch“ sorgfältig trainiert und nur nach dem Kommando belohnt wird.

Ziel: Der Hund lernt mit der Nase einen definierten Punkt an zu stupsen, zu touchieren.

Benötigte Hilfsmittel: Clicker, Futterbelohnung, blauer oder gelber Klebezettel, später Targetstick.

Benötigte Grundübungen: Clicker, evtl. Targetstick, Leckerchen.

Trainingsaufbau

Manche Hunde berühren von sich aus einen ausgestreckten Finger oder die Spitze des Targetstick mit der Nase. Dieses Verhalten wird belohnt, später ein Wortkommando darauf gelegt und die Schwierigkeit langsam erhöht. Im ersten Schritt wird in dem Augenblick geklickt, in dem die Hundenase den Finger /Targestick berührt. Im zweiten Schritt wird der Finger / Targetstick ein wenig höher oder seitlich neben den Körper gehalten. Berührt der Hund den Finger / Targetstick mit der Nase ertönt der Click.

Erst wenn der Hund sicher den angebotenen Finger / Targetstick mit der Nase berührt, ohne auf diesem herum zu kauen, oder ihn ins Maul zu nehmen, wird das Wortkommando eingeführt. Wenn der Hund Finger / Targetstick zuverlässig auf das Wort hin berührt, wird der Finger / Targetstick auf den Gegenstand gehalten, den der Hund berühren soll: z.B. den Lichtschalter. Das Kommando lautet nun „Touch Licht". Wenn der Hund den Lichtschalter mit aufgelegtem Finger / Targetstick zuverlässig berührt, wird der Finger nach und nach weg gelassen, und der Hund soll z.B. den Lichtschalter auf das Kommando hin berühren.

Manche Hunde haben Schwierigkeiten einen angebotenen Finger mit der Nase zu berühren. In diesem Fall kann das Berühren eines kleinen Klebezettels belohnt werden. Jedes Interesse an dem bunten Klebezettel wird hierzu belohnt, die Position des Klebezettels langsam verändert und die Schwierigkeit erhöht.

Irgendwann benötigt der Hund keine Hilfe durch den Klebezettel mehr. Nun können nach und nach weitere Gegenstände in das Training eingebaut und entsprechend benannt werden.

Ein **Handzeichen** für den Nasentouch wird von den Menschen individuell festgelegt.

2.11 Unterscheidung

Bei der Unterscheidung geht es darum, dass der Hund lernt, nur einen benannten Gegenstand zu bringen, oder zu berühren, oder nur zu der benannten Person zu gehen.

Ziel: Zielsicher nur zu einem benannten Gegenstand oder einer benannten Person gehen.

Benötigte Hilfsmittel: Clicker, Futterbelohnung, je nach Übung mehrere bekannte und unbekannte Gegenstände oder Hilfspersonen.

Benötigte Grundübungen: Clicker

Trainingsaufbau

Zunächst wird der Hund mit einem Gegenstand, z.B. dem Schlüssel vertraut gemacht. Dies erfolgt am einfachsten über das Clickern und anschließendem Benennen des Schlüssels OHNE weitere Gegenstände in direkter Nähe. Läuft der Hund zuverlässig auf das Wort „Schlüssel" zum trainierten Schlüssel egal wo dieser liegt, wird ein weiterer, möglichst deutlich unterschiedlicher Gegenstand, wie z.B. ein altes Handy mit in das Training integriert. Auch das Handy wird wieder ohne Ablenkung durch einen Schlüssel im Kommando aufgebaut (geklickert). Wenn der Hund auf das Wort „Handy" hin zuverlässig zum Handy läuft, egal wo dieses liegt, werden Handy und Schlüssel in einiger Entfernung nebeneinander gelegt. Nun wird der Hund zu einem der beiden Gegenstände, Schlüssel oder Handy, geschickt und nur belohnt, wenn er auf DIREKTEM Weg zum benannten Gegenstand läuft.

Funktioniert die Unterscheidung zweier Gegenstände zuverlässig, werden weitere Gegenstände nach dem gleichen Ablauf trainiert und nach und nach mit den anderen Gegenständen kombiniert.

Die Unterscheidung von Personen wird nach dem gleichen Prinzip trainiert. Der einzige Unterschied: Die benannte Person gibt dem Hund eine Belohnung, während die falschen, nicht benannten Personen den Hund ignorieren.

Ein **Handzeichen** für Unterscheidung ist nicht vorgesehen.

2.12 (Quer-) stehen

Das Quer-stehen wird in verschiedenen Übungen benötigt. Die beiden häufigsten sind „Stützen“ und „Blocken“.

Ziel: Der Hund stellt sich auf das Kommando hin (quer) vor, neben oder hinter den Menschen und bleibt stehen.

Benötigte Hilfsmittel: Clicker, Futterbelohnung, evtl. (Hand-) Target.

Benötigte Grundübung: Clickern, „Steh“

Trainingsaufbau

Locken Sie den Hund mit Ihrer Hand in die Position quer vor Ihnen. Steht er quer vor Ihnen, mit allen Vieren auf dem Boden, klick und Leckerli. Entlassen Sie den Hund wieder aus der Position und locken ihn erneut in diese Position. Nach einigen Wiederholungen können Sie ein Kommando hierfür einsetzen, Klick, „fein Steh“, Leckerli. Geben Sie nun zu Beginn das Kommando „Stand“, wenn Sie den Hund in die Position locken. Nach vielen Wiederholungen, sollte er sich von alleine auf das Kommando „Stand“ quer vor oder hinter sie stellen. Üben Sie das Kommando unter Ablenkung, an verschiedenen Orten und in verschiedenen Positionen.

Das **Handzeichen** für „quer Stehen“ ist eine ausgestreckte Hand, die mit der Handfläche dorthin zeigt, wo die Hundenase hin soll, alternativ ein zeigender Finger.

2.13 Pfoten-Touch

Auf das Kommando „Pfoten-Touch“ hin soll der Hund ihre Hand, ihr Bein oder einen benannten, definierten Punkt mit seiner Pfote berühren. Durch das Berühren ihrer Hand oder ihres Beines kann Sie der Hund auf etwas Wichtiges aufmerksam machen. Durch das Berühren eines Gegenstandes mit der Pfote kann der Hund z.B. eine Bodenlampe an- oder ausschalten.

Ziel: Sofortiges und zielgerichtetes Berühren einer Hand, eines Beines oder eines definierten Punktes mit einer Pfote.

Benötigte Hilfsmittel: Clicker, Futterbelohnung, blauer oder gelber Klebezettel.

Benötigte Grundübungen: Clickern

Trainingsaufbau

So wie sie mit ihrem Hund „Nasen-Touch“ geübt haben, trainieren sie nun das „Pfoten-Touch“. Bewährt hat sich hierfür das Kommando „Pfote“, das sich deutlich vom Wort „Touch“ für den „Nasen-Touch“ unterscheidet. Clickern Sie die zielgerichtete und dennoch sanfte Berührung ihrer Hand, ihres Beines, oder eines definierten Punktes und steigern Sie langsam den Schwierigkeitsgrad.

Wichtig ist, dass sie nur SANFTE Berührungen, ohne Einsatz der Krallen belohnen (Ausnahme: Wenn eine feste Berührung ausdrücklich gewünscht ist.). Belohnen sie diesen „Pfoten-Touch“ nur, wenn sie vorher das Kommando gegeben haben, oder der Hund das Pfoten-Touch in einer Notsituation von sich aus anbietet. Ansonsten besteht die Gefahr, dass der Hund aus dem Kommando „Pfoten-Touch“ eine Bettelgeste macht und diese unkontrolliert einsetzt.

Ein **Handzeichen** für „Pfoten-Touch“ ist nicht vorgesehen.

Kapitel 3: Hilfsmittel

Immer mal wieder kommt die Frage: Warum wird das Thema „Hilfsmittel“ in einem Buch über Grundlagentraining angesprochen? Meine Antwort ist immer die Selbe: Weil Hilfsmittel ein wichtiges Thema sind. Die Hundeausbildung, egal ob Assistenzhund oder Familienhund kommt heute kaum noch ohne Hilfsmittel aus. Zeitgleich kursieren viele unterschiedliche Meinungen zu den verschiedenen Hilfsmittel und manche sind in der Assistenzhundeausbildung komplett sinnfrei oder kaum einsetzbar.

Hilfsmittel sind heute in der Hundehaltung weit verbreitet. Oft ist ihr Sinn verständlich und schnell zu verstehen. Manchmal scheint ihr Sinn unverständlich, manche sind nach heutigem Wissensstand sogar tierschutzwidrig ... und fast wöchentlich kommen neue Hilfsmittel hinzu.

Letztlich sind alle Hilfsmittel nur Mittel oder Dinge, die eine Hilfe im Zusammenleben zwischen Mensch und Hund darstellen. Hunde verwenden untereinander keine Hilfsmittel. Ihnen genügt ihre Präsenz und ihre Kommunikationsmöglichkeiten.

Das wichtigste Kommunikationsmittel trägt der Mensch immer bei sich und braucht es auch nicht zu erwerben: Seine Ausstrahlung und Autorität, seine Präsenz und seine Liebe zum Hund. Aufgrund gesetzlicher Vorschriften (z.B. der Anleinpflicht oder der Sicherung im Auto) scheinen einige Hilfsmittel fast schon vorgeschrieben zu sein: Halsband oder Geschirr, Leine und eine Sicherung im Auto. Über alle anderen Hilfsmittel lässt sich sicher gut diskutieren. Hier werden lediglich die verschiedenen Arten vorgestellt, ihre Vor- und Nachteile beleuchtet.

In der Ausbildung von Assistenzhunden kommen verschiedene Hilfsmittel zum Einsatz, die die Zusammenarbeit und den Alltag des Assistenznehmers erleichtern. Hierzu gehören zum Beispiel ein (Blindenhunde-) Führgeschirr, ein Stützgeschirr bei Gangunsicherheiten, Targetstick, Tragetaschen / Hunderucksack, oder auch ein kleines Apportel als Signalzeichen. Auch bei den Leinen gibt es verschiedene spezielle Assistenzhunde-Leinen wie zum Beispiel die Autismusleine, Rollstuhlleine,....

Im Folgenden wird hier auf die verschiedenen allgemeinen Hilfsmittel eingegangen und natürlich auch spezielles Assistenzhunde-Zubehör angesprochen.

ACHTUNG: Manche Hilfsmittel, die im Handel angeboten werden, gelten als tierschutzwidrig und ihre Nutzung ist gesetzlich verboten! Diese Hilfsmittel haben meist eine schmerz- oder angstauslösende Wirkung und dürfen daher in Deutschland in der Hundeausbildung nicht eingesetzt werden.

Damit auch ein „Nicht-Profi" diese Hilfsmittel erkennt, werden sie am Ende des Kapitels beschrieben.

3.1 Halsband

Halsbänder werden dem Hund um den Hals gelegt und verschlossen. An ihnen kann eine Leine befestigt werden und auch die Steuermarke sowie die Marke eines Haustierregisters finden hier einen gut sichtbaren Platz. Halsbänder gibt es in unzähligen Varianten, Größen, Materialien, Preisklassen. Mal mit, mal ohne Verzierung, mit Plastikschnallen, mit Metallverschlüssen, ganz ohne Verstellmöglichkeit, oder mit aufgedrucktem Namen, Notfallnummer oder sonstigen Hinweisen, ist die Auswahl und Gestaltungsvielfalt schier unendlich.

Bezüglich der Größe des Halsbandes besteht, oft großes Diskussionspotential. Die einen bevorzugen möglichst schmale Halsbänder, andere wiederum möglichst breite. Beide Seiten haben reichlich Argumente für ihren Favoriten und gegen die jeweils andere Variante. Letztlich muss hier der Hundehalter für sich und seinen Hund individuell entscheiden, was am besten passt.

Grundsätzlich sollte bei der Qualität des Halsbandes nicht gespart werden. Ist ein Hund erst einmal ausgewachsen kann ein gutes Halsband oft ein ganzes Leben lang getragen werden. Auch ist das Halsband unter Umständen in einer brenzligen Situation eine Lebensversicherung! Will der Hund hinter einem laufenden Reh her, oder über die Straße zu einem Spielkollegen, muss das Halsband zum einen passen, zum anderen auch großen Zug aushalten und ausbruchssicher sein.

Die wichtigsten Unterscheidungen der verschiedenen Halsbandarten sind:

a) Fest einstellbare Halsbänder aus Leder, Gurtband oder Biothane, mit oder ohne Schmuckborte. Diese werden entweder über einen Schieber oder durch verschiedene Löcher auf den jeweiligen Halsumfang eingestellt.

b) „Zug-Stopp-Halsbänder": Diese sind meist rund genäht, aus Leder oder Gurtband, manchmal auch aus Biothane oder geflochten. Zugstopphalsbänder werden mit einem kleinen Stopp (=Begrenzer) auf die maximale Enge eingestellt. Somit ist das Halsband im normalen Gebrauch weit und verengt sich bei Zug (zum Beispiel bei Gefahr). Dieses Zuziehen wird jedoch begrenzt, so dass ein (er-) Würgen nicht möglich ist. Zugstopphalsbänder sind bei Hunden, die aus „normalen" Halsbändern heraus schlüpfen (und das sind sehr viele) oft die sicherere Möglichkeit. Darüber hinaus haben Zugstopphalsbänder den Vorteil, dass sie schnell und einfach über den Hundekopf gezogen werden können und oft auch von Menschen mit eingeschränkter Motorik / Kraft der Hände oder Arme genutzt werden können. Ist das Halsband einmal auf die maximale Größe eingestellt (= geöffnet) kann der Hund lernen das Halsband selber anzuziehen.

c) Jagdhalsungen: Häufig ist in Shops für Jagdhund-Zubehör von Halsungen zu lesen. Dies ist ein anderer Begriff für das ganz normale Halsband. Wer seinen Hund nicht jagdlich führt, wird spezielle Halsbänder wie „Schweiß-Halsungen" (Halsbänder, die der Hund bei der Suche nach verletztem Wild trägt), oder auch Signalhalsungen (breite Gummihalsbänder mit Reflektoren), nicht benötigen.

d) Kettenhalsbänder: Manche Menschen, gerade von langhaarigen Hunden, empfehlen Kettenhalsbänder. Als

Erklärung wird angebracht, dass vielen langhaarigen Hunden die Haare mit einem normalen Halsband brechen würden. Ob ein Hund ein Kettenhalsband tragen soll oder nicht, muss der Hundebesitzer, evtl. zusammen mit einem erfahrenen Hundetrainer selber entscheiden. Wichtiger als das Material sollte der Schutz gegen würgen (Zugstopp) und eine gute Qualität sein.

e) Windhundhalsbänder: Diese speziellen Halsbänder sind meist sehr breit, was bei dem langen Hals vieler Windhunde durchaus Sinn macht. Häufig verengen sie sich zur Schnalle hin, so dass diese wiederum nicht zu groß ausfällt. Windhunde werden meist doppelt gesichert, also mit zwei Halsbändern geführt. Durch die schmale Kopfform im Gegensatz zum etwas breiteren Hals besteht immer die Gefahr, dass das Halsband doch einmal über die Ohren rutscht und der Hund plötzlich „ohne“ da steht.

f) Zughalsbänder / Endloswürger und Stachelhalsbänder sind tierschutzwidrig und damit in Deutschland verboten. Eine kurze Beschreibung dieser Halsbänder findet sich am Ende dieses Kapitels.

3.2 Geschirr

Die Auswahl bei Geschirren ist fast noch unübersichtlicher als die der Halsbänder. Je nach ursprünglichem Verwendungszweck gibt es Brustgeschirr, Suchgeschirr, Sattelgeschirr, Zuggeschirr, Erziehungsgeschirr, Führgeschirr,...

a) Brustgeschirre, bestehen aus einem Riemen um den Hals und einem um die Brust, die mit zwei Stegen (oben am Hals und unten zwischen den Vorderbeinen) verbunden sind. Diese Geschirre haben häufig 3 Ringe für die Leine und sind an Hals, Brust und zwischen den Vorderbeinen, selten auch am Rücken einstellbar.

b) Sattelgeschirre bestehen, genau wie die sogenannten „Norweger" aus einem Riemen vor der Brust, der von einem Riemen um den Bauch an Ort und Stelle gehalten wird. Beim Sattelgeschirr ist am oberen Riemen eine Art „Sattel" befestigt. An diesem können Taschen, Lampe, oder auch nur Aufnäher mit lustigen Sprüchen befestigt werden. Viele Assistenzhunde tragen Sattelgeschirre, die mit einem zusätzlichen Griff als Stützgeschirre eingesetzt werden. Ein Stützgeschirr bietet einem Menschen mit Gangunsicherheiten oder Problemen beim Aufstehen eine Stütze. Natürlich muss der Hund für diese Aufgabe ausreichend groß, absolut gesund und gut ausgebildet sein!

c) Sicherheitsgeschirre haben neben den Riemen um Hals und Brust noch einen weiteren Riemen hinter den Rippen. Sie sind weitgehend „ausbruchssicher".

d) Führgeschirre werden im Bereich der Assistenzhunde eingesetzt. Je nach Behinderung des Menschen gibt es sie für blinde, sehbehinderte, hörgeschädigte oder taube Menschen, Menschen mit Gleichgewichtsproblemen oder Gangunsicherheiten, autistische Menschen,.... Führgeschirre für Assistenzhunde tragen immer eine Kennzeichnung „Assistenzhund“ oder „Assistenzhund in Ausbildung“, selten etwas vergleichbares. Sie sind je nach Anforderung mit einem langen Bügel, oder einem zusätzlichen stabilen Griff ausgestattet und ermöglichen dem Assistenznehmer, sich bei Bedarf abzustützen, oder auch einmal führen zu lassen.

KENNDECKEN sind keine Geschirre! Eine Kenndecke ist eine spezielle Kennzeichnung der Assistenzhunde und wird weiter unten beschrieben.

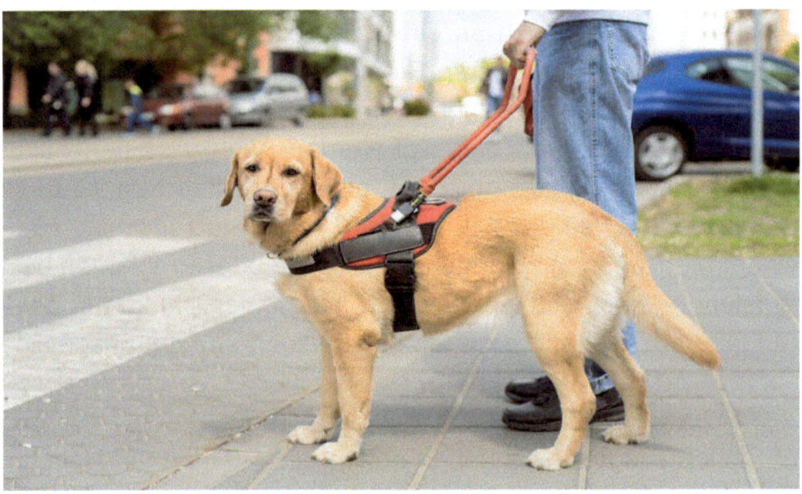

3.3 Leine

Die Leine ist das wohl älteste Hilfsmittel im Zusammenleben von Mensch und Hund überhaupt. Vermutlich haben Menschen schon sehr früh Seile verwendet um z.B. Hunde an einem bestimmten Platz zu halten. Vermutlich wurden diese Leinen früher einfach um den Hals des Hundes geknotet. Diese Form einer einfachen Leine lebt heute als sogenannte „Moxonleine“ bzw. Retrieverleine weiter. Leinen gibt es, genau wie Halsbänder und Geschirre, aus verschiedenen Materialien, in verschiedenen Längen und Ausführungen.

a) Führleinen: Führleinen sind meist aus Leder oder Gurtband, einfarbig, bunt, geflochten oder gedreht. Immer haben sie mindestens einen Haken, mit dem sie an Halsband oder Geschirr befestigt werden. Die Längen reichen von dreißig Zentimetern (sog. Kurzführer) bis zu drei Metern. Die längeren Leinen von meist zwei oder drei Metern haben oft verschiedene Ringe und zwei Haken. Dadurch lassen sie sich auf verschiedene Längen einstellen. Für die Arbeit mit dem Halti / Kopfhalfter gibt es inzwischen auch Leinen mit zwei unterschiedlich schwereren Haken: einen leichteren zum befestigen am Halti / Kopfhalfter und einen schwereren zur Befestigung an Halsband oder Geschirr.

Lederleinen sind etwas teurer, halten aber bei guter Pflege oft ein Hundeleben lang. Gurtbandleinen können oft in der Waschmaschine gewaschen werden und die neuen gummierten Leinen oder Leinen aus Biothane lassen sich oft einfach abwischen.

Bei allen Leinen ist wichtig: Der Haken muss der Leine und der Hundegröße angemessen sein! Ein zu leichter, minderwertiger

Haken kann unter großem Zug brechen. Ein zu großer, schwerer Haken zieht permanent am Halsband oder Geschirr (Erdanziehungskraft lässt grüßen). Grundsätzlich hat sich die Formel empfohlen: So groß wie nötig aber so klein und leicht wie möglich und so, dass er vom Menschen gut bedient werden kann.

Sonstige Führleinen sind: Doppelleinen: Eine Leine mit zwei Haken z.B. für Windhunde oder in Verbindung mit einem Sicherheitsgeschirr. Koppelleinen für zwei, drei oder auch mehr Hunde: Eine Handschlaufe, die sich in mehrere kurze Leinen mit jeweils einem Haken aufteilt.

b) Moxonleine / Retrieverleine: Moxonleinen und Retrieverleinen sind im Grundaufbau gleich: Eine Schlaufe, die als Halsband dient, geht ohne Haken oder Schnallen in eine Leine und eine Handschlaufe über. Der große Unterschied: Bei Retrieverleinen sind zwei Begrenzer (Stopps) eingebaut. Diese beiden Begrenzer verhindern dass sich der Halsbandteil einerseits ungewollt öffnet, aber - noch viel wichtiger - nicht endlos zuzieht. So wird bei korrekter Einstellung ein (Er-) Würgen des Hundes verhindert. Klassische Moxonleinen haben keinen Begrenzer (Stopp) nach innen und können sich dadurch bis zum Würgen zuziehen. Sie sind in Deutschland nicht zugelassen.

Moxon- oder Retrieverleinen gibt es ebenfalls aus den unterschiedlichsten Materialien und in vielfältiger Farbauswahl. Wichtig ist es, unbedingt auf ZWEI Begrenzer zu achten, um die Gefahr des (Er-) Würgens auszuschließen. Moxonleinen OHNE zwei Begrenzer gelten als tierschutzwidrig und sind daher verboten. Eine kurze Beschreibung dieser Leinen findet sich am Ende dieses Kapitels.

c) Schleppleine: Schleppleinen sind ein sehr spezielles Hilfsmittel. Im Grundprinzip bestehen sie aus einer drei bis zwanzig Meter langen Leine, die mit einem stabilen Haken am GESCHIRR des Hundes befestigt werden. Eine Schleppleine gehört niemals ans Halsband! Die Gefahr, dass der Hund sich verletzt, wenn er mit viel Schwung in die Schleppleine rennt, ist unverhältnismäßig hoch. Schleppleinen werden oft im Training eingesetzt um dem Hund mehr Freiraum zu geben, ihn aber dennoch kontrollieren zu können. Der Klassiker ist das Rückruftraining. Durch den vergrößerten Bewegungsradius des Hundes ist das Training auch auf weitere Distanz möglich.

Bei der Arbeit mit der Schleppleine haben sich Handschuhe sehr bewährt. Ein Hund, der an der zehn Metern Schleppleine Anlauf nimmt, bekommt auf rund zweiundzwanzig Meter Radius (vom einen Ende der Schleppleine = zehn Meter auf die andere = noch mal zehn Meter und die Armlängen des Menschen dazwischen) eine Menge Schwung. Verletzungen, insbesondere durch die Reibung der Leine in der Hand, sind möglich.

Der Umgang mit der Schleppleine muss geübt werden, um Unfälle für Mensch und Hund zu vermeiden. Ein erfahrener Ausbilder sollte bei der Gewöhnung und den ersten Einsätzen der Schleppleine zu Rate gezogen werden.

Manche Hunde laufen ihr ganzes Leben lang an einer Schleppleine um ihnen zumindest ein paar Meter Freiraum zu ermöglichen, auch wenn sie nicht zuverlässig auf den Rückruf reagieren. Unterformen der Schleppleine sind Trailleinen und Fährtenleinen.

d) Flexileine / automatische Rollleinen: Flexileinen oder auch automatische Rollleinen genannt, spalten die Hundehalter-Welt in zwei sehr gegensätzliche Lager. Die einen finden sie toll und möchten sie überhaupt nicht mehr missen und die anderen lehnen Flexileinen / automatische Rollleinen komplett ab und scheinen sie sogar richtiggehend zu hassen. Fakt ist: Eine Flexileine / automatische Rollleine ist eine Schleppleine von meist drei, fünf oder acht Metern Länge,bei denen sich die sehr dünne Leine allerdings in einem kleinen Plastikkasten verbirgt.
Im Gegensatz zur Schleppleine rollt bei der Flexileine / automatischen Rolleine immer nur so viel Leine ab, wie der Hund gerade entfernt ist. Gute Flexileinen / automatische Rollleinen haben eine Bremse, die sich auch feststellen lässt. Der Vorteil von Flexileinen / automatischen Rolleinen ist die verhältnismäßig einfache Handhabung und der geringe Dreck, den die Leine aufsammelt.

Der Nachteil: Die Leinen sind sehr dünn und kaum zu sehen. Schwere Verletzungen können die Folge sein, wenn ein unbeteiligter Mensch oder Hund in die Leine rennt oder sich sogar in dieser verwickelt.

Auch sind Flexileinen / automatische Rollleinen bei unsicheren Hunden unpraktisch, da sie schon mal schnell aus der Hand rutschen. Sehr starke Hunde bekommen mit einer Flexileine oft viel Schwung und können ihren Menschen zu Fall bringen.

Eines der größten Argumente von Hundetrainern, die Flexileinen / automatische Rollleinen ablehnen: Der Hund lernt zu ziehen. Da die Leine automatisch abrollt wenn der Hund zieht, lernt der Hund recht schnell, dass er durch ziehen an der Leine seinen Radius vergrößern kann. Seit einiger Zeit bietet ein Hersteller drei Meter Rolleinen in einem kleinen runden Gehäuse an, dass um das Handgelenk oder an den Rollstuhl oder Rollator geschnallt werden kann. Diese sehr kleinen Leinen bieten leichten oder gut trainierten Hunden einen „Freiraum" von rund drei Metern.

3.4 Dummy / Futterbeutel

Die Grundidee des Dummy ist ein Ersatz für das zu apportierende Wild. Dummys gibt es in verschiedenen Ausführungen, Größen und Farben. Die klassischen Dummys aus der Dummyarbeit sind unterschiedlich große und schwere „Stoffwürste", meist mit einer Handschlaufe für den Menschen. Diese Dummys werden ausgelegt oder geworfen, und der Hund bringt sie auf Kommando wieder zurück. Futterdummys sind kleine, meist runde Stofftaschen, die gefüllt werden können. Diese Futterdummys sollten einen Reißverschluss UND eine Klettlasche haben, damit der Hund sich die Belohnung nicht selber holen kann.

Da es für den Hund sehr unnatürlich ist, seine erlegte „Beute" abzugeben, muss der Hund die Dummyarbeit regelrecht lernen. Dafür ist es wichtig, dass wirklich der Mensch belohnt und nicht der Hund den Futterdummy alleine öffnet.

Der Hund sollte mit dem Dummy oder Futterdummy nicht unkontrolliert spielen. Der Dummy / Futterdummy ist ein Hilfsmittel / Trainingsmittel und dient der Zusammenarbeit zwischen Mensch und Hund.

3.5. weitere Hilfsmittel

3.5.1 Clicker

Im Zusammenhang mit der Drei-Sekunden Regelung, siehe Seite 26, die Drei-Sekunden-Regel, ist inzwischen auch in der Hundeausbildung der Clicker ein häufiges Hilfsmittel. Mit ein wenig Training und dem richtigen Timing ist der Clicker ein wunderbares Hilfsmittel, um den Hund innerhalb der notwendigen drei Sekunden zu belohnen. Dabei ist der „Click“ nicht die Belohnung sondern das VERSPRECHEN auf eine Belohnung. Der Hund bekommt also die Bestätigung, dass sein Tun richtig ist und er dafür gleich eine Belohnung erhält.

Clickern schaut auf den ersten Blick recht einfach aus: Ein Clicker, ein paar Belohnungen und „click“. Ganz so einfach ist es nicht. Wie bei allen „menschlichen“ Kommandos muss der Hund auch beim Clickern erst einmal verstehen: „Ah, dieses komische Geräusch bedeutet, dass es Futter gibt“.

Der Clicker muss richtig konditioniert (verknüpft) werden. Dabei gilt: JEDER Click, auch ein falsch gesetzter, bedeutet am Anfang eine Belohnung. Wie der Clicker konditioniert und eingesetzt wird, kann in vielen Hundeschulen und Workshops gelernt werden. Auch Bücher und Videos beschreiben den Einsatz des Clickers. Es hat sich bewährt für den Anfang einen erfahrenen „Clickerer“ zu haben, der das richtige Timing überwacht und unterstützt.

Die grundlegende Konditionierung auf den Clicker geht wie folgt:

Der Mensch nimmt ungefähr zehn kleine Leckerli in eine Hand und den Clicker in die andere. Der aufmerksame Hund befindet sich vor dem Menschen. Nun clickt der Mensch einmal und SOFORT, am besten zeitgleich, wandert ein Leckerli in die Hundeschnauze. Wenn der Hund fertig gekaut hat, erfolgt der nächste Click und wieder ZEITGLEICH das nächste Leckerli. Dies wird so lange wiederholt, bis der Mensch alle Leckerli aus der Hand verfüttert hat.

Im zweiten Schritt nimmt der Mensch wieder ungefähr zehn Leckerli in eine Hand und den Clicker in die andere Hand. Nun wartet der Mensch bis der Hund in eine andere Richtung schaut, aber nicht stark abgelenkt ist. Nun ertönt erst der Click und wenn der Hund sich umschaut, die Belohnung aus der Hand. Wenn der Hund den ersten Schritt richtig verstanden hat, sollte der Hundeblick innerhalb von Sekunden nach dem Click zum Menschen gehen.

Schaut der Hund nun wieder woanders (= nicht auf seinen Menschen) ertönt erneut ein Click, und wenn der Hund seine Aufmerksamkeit auf den Menschen richtet, erhält er eine Belohnung.

Im dritten Schritt wird kontrolliert, ob der Hund die Verbindung „Click = Leckerli" richtig verstanden hat. Hierzu wird wieder gewartet, bis der Hund in der Nähe leicht abgelenkt ist. Nun ertönt der Click und der Hund sollte sich sofort zu seinem Menschen umwenden und diesen „fragend" anschauen.
Hat der Hund die Verknüpfung „Click = Leckerli = Belohnung" verstanden, kann der Clicker im Training eingesetzt werden.

ACHTUNG: Jeder Click bedeutet eine Belohnung. Auch auf einen „Fehl-Click", einem falsch gesetzten Click folgt demnach (zumindest am Anfang) eine Belohnung. Daher muss der

Mensch sehr genau aufpassen, welches Verhalten er belohnen möchte. Viele Hunde erlernen durch falsch gesetzte Clicks ein unerwünschtes Verhalten. Oft versteht der Mensch dann nicht, warum eine Übung einfach nicht klappen will, dabei ist es nur ein falsches Timing.

Damit der Hund vor lauter Leckerli beim Clickern nicht zu viel Gewicht zulegt, sollten die Leckerli für das Training von der Tages-Futterportion abgezogen und möglichst klein gewählt werden.

3.5.2 Targetstick

Ein Targetstick ist ein Zeigestab mit dem der Hund aus Entfernung lernt etwas mit der Nase oder Pfote zu berühren, oder an eine bestimmte Position manövriert wird. Targetsticks sind oft mit einem Clicker kombiniert und lassen sich zusammen teleskopartig zusammen schieben. So sind sie relativ klein und handlich, wenn sie nicht gebraucht werden, im Einsatz jedoch bis zu sechzig cm lang.

Die meisten Targetsticks haben an einem Ende eine kleine farbige Kugel, die es dem Hund erleichtert, den Stick zu berühren. Damit der Hund lernt, was er mit dem Targetstick tun soll, muss er auch auf dieses Hilfsmittel konditioniert werden. Dafür muss sich der Mensch zunächst überlegen, ob der Hund den Targetstick mit der Nase oder mit der Pfote berühren soll. Bewährt hat sich die Hundenase, da die meisten Assistenzhunde-Aufgaben mit einem „Nasentouch“ (Berührung mit der Nase) ausgeführt werden.

Das Training des „Nasentouch“ wird im Kapitel „Grundlegende Assistenzhunde-Kommandos“ erklärt. Wichtig bei der Arbeit mit dem Targetstick ist große Sorgfalt, damit der Hund den Targetstick wirklich nur mit der Nase berührt und nicht mit Zunge oder Zähnen. Auch ist es wichtig, den Targetstick, insbesondere die kleine Kugel am Ende, regelmäßig auf Beschädigungen zu untersuchen und ggf. auszutauschen.

3.5.3 Führhalfter / Gentle Leader

Ein Führhalfter, auch Halti genannt, ermöglicht dem Menschen eine bessere Kontrolle des Hundes. Dies spielt häufig eine Rolle, wenn der Mensch - in Relation zum Hund - körperlich kleiner oder schwächer ist. Auch Assistenzhunde- Azubis haben oft eine Phase, in der sie an der Leine ziehen oder sehr unkonzentriert sind.

Mit einem Führhalfter, das wie ein Pferdehalfter um den Kopf des Hundes gelegt wird, kann der Blick des Hundes und damit seine Aufmerksamkeit dirigiert werden. Der Hund muss behutsam an das Tragen des Führhalfters gewöhnt werden. Hierzu braucht es Geduld und eine gute Anleitung durch einen erfahrenen Hundeausbilder. Ist der Hund an das Führhalfter gewöhnt, muss sich der Mensch in der Handhabung von zwei Leinen üben. Eine Leine bzw. ein Leinenhaken wird wie gewohnt am Halsband oder Geschirr des Hundes befestigt. Diese Leine dient der Sicherung des Hundes und wird in der einen Hand geführt.

Die zweite Leine bzw. das Leinenende mit dem kleineren Haken wird an einem Ring am Führhalfter / Halti unter dem Kinn es Hundes befestigt. Wichtig ist, dass der Leinenhaken so leicht ist, dass das Führhalfter geöffnet bleibt und sich nicht alleine durch das Gewicht der Leine bzw. des Hakens zuzieht. Diese zweite Leine dient dazu, den Kopf des Hundes in die gewünschte Richtung zu lenken und wird in der anderen Hand geführt. Geübte Menschen führen beide Leinen in einer Hand, wobei die Führhalfter-Leine grundsätzlich locker ist und durch hängt, solange sie nicht gebraucht wird.

Ein Führhalfter sollte immer eine Übergangslösung sein. Gerade Assistenzhunde zeichnen sich dadurch aus, dass sie nicht ziehen, (außer es gehört zu ihrer Aufgabe) oder sich schnell ablenken lassen.

3.5.4 Hunderucksack oder Tragetaschen

Grundsätzlich wird unterschieden zwischen einem Hunderucksack, den der Hund auf seinem Rücken trägt und einer Tragetasche, die der Hund im Maul trägt. In Satteltaschen, die an einem Sattelgeschirr befestigt werden oder in einem speziellen Hunderucksack, kann der Hund auf längeren Wanderungen einen Teil der Verpflegung, das Verbandszeug oder auch einen Teil der leichteren Einkäufe tragen. Manche Trainer setzen Satteltaschen im Training ein, um dem Hund eine Aufgabe (tragen) zu geben und ihn so besser auszulasten. Satteltaschen anzupassen und die Anfänge zu trainieren, erfordert viel Wissen und Übung und sollte von einem erfahrenen Trainer begleitet werden. Im Gegensatz dazu trägt der Hund eine spezielle Tragetasche im Maul. Diese Taschen eignen sich besonders für leichte Gegenstände. Nachteil ist, dass der Hund solange er die Tasche trägt, keine anderen Assistenzaufgaben übernehmen kann, bei denen er Nase oder Maul benötigt.

3.5.5 Kenndecke

Die Kenndecke ist das wohl auffälligste Hilfsmittel der Assistenzhunde. Eine Kenndecke sieht aus wie eine Satteldecke für Pferde oder ein zu kleiner Hundemantel. Aufgedruckt ist auf einer Kenndecke immer die Aufschrift „Assistenzhund" oder „Assistenzhund in Ausbildung" bzw. „Servicedog". Manchmal wird auch auf die Kenndecke geschrieben, wofür der Hund eingesetzt wird: Warnhund, Führhund, Autismus-Begleithund....

Gesetzliche Vorgaben zu den Kenndecken gibt es derzeit in Deutschland nur für die Blindenführhunde. Die meisten Kenndecken sind rot, gelb oder blau. Weiße Kenndecken bzw. Führgeschirre sind ausschließlich den Blindenführhunden vorbehalten und dürfen, als einzige gesetzlich geregelt, nur von ausgebildeten Blindenführhunden getragen werden.

3.5.6 Rollstuhlleine

Eine Rollstuhlleine ist eine Leine, die am Rollstuhl befestigt wird und durch zwei Drehwirbel gegen versehentliches Verdrehen geschützt ist. Die meisten Rollstuhlleinen sind rund einen Meter lang. So kann der Hund entspannt neben dem Rollstuhl laufen und Assistenzleistungen erbringen. Ist der Mensch in seiner Handmotorik eingeschränkt, kann eine Retrieverleine das, Anlegen der Leine erleichtern.

3.5.7 Autismusleine und Autismusgeschirr

Für manche Assistenzleistungen ist es notwendig, dass Assistenznehmer und Assistenzhund durch eine Leine miteinander verbunden sind. Besonders häufig werden Menschen mit Autismus-Spektrums-Störung (ASS), oder Menschen die mit dem fetalen Alkohol-Syndrom (FAS) leben, mit ihrem Assistenzhund verbunden. Auch bei Menschen mit fehlendem Gefahrenbewusstsein oder eingeschränkten kognitiven Fähigkeiten, kann eine Autismusleine sinnvoll sein.

Wichtig ist, dass die Autismusleine an einem gut sitzenden Hundegeschirr befestigt und auch für den Assistenznehmer bequem zu tragen ist. Hierfür gibt es für Kinder spezielle Autismusgeschirre. Für ältere Assistenznehmer muss häufig immer noch nach einer individuellen Befestigungsmöglichkeit gesucht werden. Wichtig ist auch, dass die Leine nur so lang ist, dass der Hund das Kind wirklich von Gefahren, zum Beispiel der Straße fern halten kann. Häufig wird der Hund von einer (erwachsenen) weiteren Person geführt und lenkt gemeinsam mit dieser den Assistenznehmer. Ist die Leine nun zu lang, kann der Assistenznehmer trotzdem auf die Straße oder in eine gefährliche Situation gelangen, obwohl der Hund bei der

Hilfsperson steht oder läuft. Bewährt hat sich eine Länge von rund fünfzig Zentimetern.

Im deutschsprachigen Raum wird der Sinn oder Unsinn von Autismusleinen immer mal wieder leidenschaftlich diskutiert. In anderen Ländern gehört dieses spezielle Hilfsmittel zum Standard. Letztlich muss jede/r Assistenznehmende zusammen mit seiner Ausbildungsstätte selber entscheiden.

3.6 Verhaltensunterbrecher

Verhaltensunterbrecher sind in der Hundeausbildung sehr umstritten. Diese „Hilfsmittel" dienen dazu, den Hund in einem unerwünschten Verhalten zu unterbrechen und damit zu stoppen. Sie dürfen niemals als Bestrafung eingesetzt werden, der Hund würde dies nicht verstehen. Die häufigsten Verhaltensunterbrecher sind Wurfketten, Schellen, Rappeldosen, Wasserflaschen und Sprühhalsbänder.

Wurfketten sind kleine Metallketten, die je nach Einsatz einen mehr oder weniger leisen Klapperton erzeugen, wenn sie geschüttelt werden. Immer noch lernen Hunde, diesen metallenen Klapperton zu fürchten, indem sie zur Konditionierung eine unangenehme Erfahrung mit diesem Ton zu verknüpfen lernen.

Das gleiche Prinzip gilt für Schellen. Hierbei werden mehrere Metallplättchen im Ring durch eine Schnur verbunden. Auch dieses metallene Geräusch wird zu Beginn des Trainings mit einer unangenehmen Erfahrung verbunden.

Rappeldosen / Klapperdosen arbeiten ebenfalls nach diesem Prinzip: Das Geräusch wird mit einer unangenehmen Erfahrung verknüpft. Oft handelt es sich bei diesen Verhaltensunterbrechern um eine (meist metallene) Dose, die mit Steinen, Metallstückchen, Münzen oder vergleichbarem gefüllt und dann gut verschlossen wird.

Mit einer Wasserflasche wird ein Wasserstrahl auf den Hund geschossen, wenn dieser unerwünschtes Verhalten zeigt.

Ein Sprühhalsband ist ein eng sitzendes Halsband, an dem ein kleines Plastikkästchen mit einer Batterie, einer Sprühdüse und je nach Ausfertigung einem Duftstoff oder Druckluft befüllt wird. Mit einem Sender, den der Mensch in der Hand hält, kann auch auf Entfernung der Sprühmechanismus ausgelöst werden. Meist gibt es verschiedene Intensitätsstufen von einem Warnton über einen leichten Sprühstoß bis hin zu einem deutlichen Sprühstoß.

Alle diese Mittel haben in der Assistenzhundeausbildung nichts zu suchen. Sollte eine Verhaltensunterbrechung notwendig sein, wird diese bei einem sorgfältig ausgewählten Assistenzhund mit dem Abbruchkommando erreicht werden können.

Kommt der Mensch mit dem Abbruchkommando wirklich einmal nicht weiter, hilft ein erfahrener Assistenzhunde-Ausbilder.

3.7 Tierschutzwidrige „Hilfsmittel“

Wie bereits geschrieben, gibt es auch heute noch Hilfsmittel, die in Deutschland und vielen europäischen Ländern als tierschutzwidrig eingestuft werden. Teilweise ist der Einsatz verboten, teilweise nicht eindeutig geregelt. In der Assistenzhundeausbildung haben diese sogenannten Hilfsmittel nichts zu suchen!

a) Zughalsbänder / Würger: Sie sind tierschutzrechtlich sehr bedenklich. Sie ziehen sich bei Zug komplett zu und können dem Hund neben starken Schmerzen auch Atemnot zufügen. Daher sind diese Zughalsbänder / Würger (ohne Stopp) laut Tierschutzgesetz in der Anwendung verboten.

b) Stachelhalsbänder bestehen aus Metall und sind auf einer Seite mit „Stacheln“, metallenen Haken, besetzt. Stachelhalsbänder gibt es auch mit einem Lederüberzug, so dass die Stacheln nicht zu sehen sind. Egal ob offene Stachel oder verdeckte: Stachler sind tierschutzrechtlich sehr bedenklich, da sie dem Hund bei jedem Zug Schmerzen zufügen. In einigen Ländern sind Stachelhalsbänder gesetzlich verboten.

c) Moxonleine OHNE zwei Begrenzer bestehen aus einem durchgehenden Seil unterschiedlichster Materialien. Das Problem ist, dass durch den fehlenden Begrenzer „nach innen“ die Gefahr besteht, dass sich die Leine immer weiter zu zieht und dem Hund damit in den Hals schneidet und die Luft abschnürt. Moxonleinen mit einem Begrenzer „nach innen“ sind erlaubt, bergen jedoch die Gefahr, dass die Leine sich unkontrolliert öffnet und den Hund frei gibt.

d) Erziehungsgeschirre gibt es auch wieder in verschiedenen Ausführungen. Die meisten erzeugen ein unangenehmes Gefühl, wenn der Hund zieht. Manche „pfeifen“ in einem sehr hohen Ton, andere schnüren die Vorderbeine knapp unterhalb der Ellenbogen ein. Der Einsatz von Erziehungsgeschirren muss sehr gut überlegt werden. Auch müssen diese Geschirre zu 100% passen und sollten am besten nur unter Aufsicht eines erfahrenen Trainers benutzt werden.

Zwei „Hilfsmittel“, die in der Assistenzhundeausbildung nichts zu suchen haben: Stromhalsband (rechts) und Stachelhalsband (links).

Nachwort

Das sind sie, die Grundkommandos der Assistenzaufgaben. Jedes Team, das diese Grundkommandos sicher beherrscht, hat eine gute Grundlage für ein unkompliziertes und vertrauensvolles Zusammenleben. Diese Grundkommandos werden auch in den meisten Assistenzhunde-Prüfungen abgefragt, und viele öffentliche Einrichtungen sowie Fluggesellschaften setzten diese voraus. Trotzdem ist die Auflistung nicht abschließend, und insbesondere in den Ländern mit staatlich geregelten Assistenzhunde-Prüfungen werden oft noch weitere Kommandos verlangt. Eine Nachfrage, ein Gespräch mit dem Prüfer bzw. dem Prüfinstitut, hilft Unklarheiten und Überraschungen zu vermeiden. Bei Fragen oder Schwierigkeiten in der Ausbildung kann oft ein Termin mit einem erfahrenen Assistenzhunde-Ausbilder weiter helfen. Manchmal hilft es auch, in der Ausbildung einen Schritt zurück zu gehen und eine kurze Pause einzulegen.

Mir hat es sehr viel Spaß gemacht, diese Grundlagen zusammen zu stellen. Ein großes DANKE geht an meine Freunde Tanja und Martin für die Anmerkungen zur Verständlichkeit, an Torsten W., ohne dessen Motivation dieses Werk wohl immer noch in der Schublade läge und an Kerstin G. die mich immer wieder neu motiviert und bestärkt.

Ich wünsche Ihnen und ihrem vierbeinigen Partner eine tolle gemeinsame Zeit und alles Gute.

Herzlichst, Katharina Küsters

Patricia
Stroucken
www.PaSt-Fotografie.de

Notizen